Freiburger Anregungen · 1

# Freiburger Anregungen zur Wirtschaft und Gesellschaft

Herausgeber: Freiburger Wirtschaftswissenschaftler e.V.

Band 1

# Innovation und Reform

Herausgegeben von
Nicolas Dallmann und Marc Seiler

mit Beiträgen u.a. von
R. L. Frey, G. Kirsch, J. Röpke, M. E. Streit, Th. Straubhaar

 Lucius & Lucius · Stuttgart

Kontaktadresse des Herausgebers der Schriftenreihe:

Verein Freiburger Wirtschaftswissenschaftler e.V.

Dekanat der Wirtschaftswissenschaftlichen Fakultät
Platz der Alten Synagoge
79098 Freiburg im Breisgau

**Bibliografische Information der Deutschen Bibliothek**

Die Deutsche Bibliothek verzeichnet diese Publikation in der Deutschen National-
bibliografie; detaillierte bibliografische Daten sind im Internet über http://dnb.ddb.de
abrufbar


Dallmann, Nicolas und Seiler, Marc: Innovation und Reform – Stuttgart: Lucius und
Lucius, 2006


(Freiburger Anregungen zu Wirtschaft und Gesellschaft: 1)

ISBN 3-8282-0353-1 (ab 2007: 978-3-8282-0353-2)

© Lucius & Lucius Verlagsgesellschaft mbH Stuttgart 2006
Gerokstr. 51, D-70184 Stuttgart
www.luciusverlag.com

Druck und Einband: Rosch-Buch, Scheßlitz

Printed in Germany

# Vorwort

Bei der Betrachtung moderner Industriestaaten wurde in den letzten Jahren deutlich, dass der Versuch einer umfangreichen Realisierung der Idee eines Wohlfahrtsstaates den Weg in die politische Sackgasse bahnt. Vor diesem Hintergrund bedarf es als Ergänzung der derzeit in der Ökonomik vorherrschenden Ziel-Mittel-Rationalität wieder einer Rückbesinnung auf freiheitlich geprägte ordnungspolitische Leitgedanken als wertrationales Element bei der Untersuchung des Ausmaßes und der Aufgaben des Staates. Zwar spielen auch bei jüngeren Reformdebatten die Ansätze der Mitglieder des Kreises um Walter Eucken als Väter der deutschen Wirtschafts- und Sozialpolitik inhaltlich noch eine wichtige Rolle. Dennoch wird die Bedeutung des *Freiburger Ordoliberalismus* nicht mehr derart explizit hervorgehoben, wie dies beispielsweise bei der frühen Ausgestaltung der Sozialen Marktwirtschaft der Fall war. Selbiges gilt auch für den ebenfalls mit Freiburg in Verbindung zu bringenden Namen *Friedrich August von Hayek* und dessen Lebenswerk. Gerade im Rahmen der Auseinandersetzung mit dem Institutionenproblem wird jedoch die hohe Aktualität der Freiburger Ideen deutlich.

Aus ebendiesem Grund wurde bei der Mitgliederversammlung des *Vereins der Freiburger Wirtschaftswissenschaftler* 2004 angeregt, die Freiburger Ideen bei der Konzeption der Aktivitäten des Vereins wieder stärker in den Vordergrund zu rücken und damit ihre auch heute noch gewichtige Bedeutung für die Diskussion aktueller Reformvorschläge zu verdeutlichen. Dies gilt sowohl für den Bereich der Generierung neuer wissenschaftlicher Erkenntnisse als auch bei der Frage nach einer wirksameren Umsetzung dieser Erkenntnisse im offenkundig institutionell falsch justierten politischen Entscheidungsprozess. Deswegen wurde die Vortragsreihe *„Freiburger Anregungen zu Wirtschaft und Gesellschaft"* ins Leben gerufen, die als Diskussionsforum für aktuelle wirtschaftspolitische Fragestellungen das Ziel verfolgt, die Tradition der Freiburger Schule und deren Erkenntnisse verstärkt in den wissenschaftlichen und gesellschaftlichen Dialog einzubringen.

Zahlreiche renommierte Vertreter der deutschsprachigen Wirtschaftspolitik und Finanzwissenschaft sind der Einladung gefolgt, im Rahmen der Vortragsreihe zu referieren. Die wissenschaftlichen Beiträge liegen nunmehr ebenso wie die zugehörigen Korreferate von Nachwuchswissenschaftlern vor. Wir hoffen, dass dieser Band die aktuellen wissenschaftlichen und politischen Debatten zu den jeweils behandelten Themenkomplexen bereichert.

An dieser Stelle sei allen an der Umsetzung der Vortragsreihe Beteiligten gedankt. Unser besonderer Dank gilt neben den Referenten und Autoren selbst, den Korreferenten und vor allem den Moderatoren der Vortragsveranstaltungen – Prof. (em.) Dr. Gerold Blümle, Prof. Thomas Gehrig Ph.D, Prof. Dr. Bernhard Neumärker, Prof. Dr. Viktor Vanberg, Dr. Michael Wohlgemuth –, die maßgeblichen Anteil am guten Gelingen der Veranstaltung hatten.

Unser herzlicher Dank gebührt auch dem Referenten Prof. Dr. Stefan Voigt, dessen Vortrag nicht abgedruckt werden konnte.

Zuletzt sei auch unseren Kollegen im Vereinsvorstand gedankt, ohne die eine Umsetzung der Vortragsreihe undenkbar gewesen wäre.


Berlin und Freiburg im Januar 2006


Nicolas Dallmann

Marc Seiler

# Inhalt

Einführung und Konzeption.................................................................1

MANFRED E. STREIT (Saarbrücken): Ein Porträt der „Freiburger Schule"............9

Korreferat von CHRISTOPH SPRICH (Freiburg) ..................................17

JOCHEN RÖPKE (Marburg): Innovationsdynamik und Lebensverlängerung –
Ein Entdeckungsverfahren zur Überwindung des Todes................................21

Korreferat von NICOLAS COMBÉ und OLAF STILLER (Marburg)....................65

RENÉ L. FREY (Basel): Neukonzeption des schweizerischen Finanzausgleichs ..71

Korreferat von MARC SEILER (Berlin) ................................................87

GUY KIRSCH (Fribourg): Angst und Furcht – Begleiterinnen der Freiheit..........97

Korreferat von RICO MERKERT (Potsdam) ........................................ 113

THOMAS STRAUBHAAR (Hamburg): *Ökonomik der Reform*....................... 123

Korreferat von ACHIM HECKER (Freiburg) ........................................ 129

Freiburger Wirtschaftswissenschaftler e.V. ......................................... 133

# Einführung und Konzeption

## Marc Seiler* und Nicolas Dallmann*

1    Die Freiburger Schule ........................................................................1

2    Friedrich August von Hayek ..............................................................3

3    Konzeption der Vortragsreihe ...........................................................5

## 1    Die Freiburger Schule

Das Deutschland der späten dreißiger Jahre war von rechtlich durchsetzbaren, daher stabilen und weit verbreiteten Kartellvereinbarungen sowie einer weitreichend diskretionär in den Wirtschaftsablauf eingreifenden Politik der Privilegienvergabe geprägt. Als Reaktion auf eine derartige Wirtschaftspolitik, die weder in der Lage noch willens war, diese Probleme zu lösen, begründete *Walter Eucken* mit den Juristen *Franz Böhm* und *Hans Großmann-Doerth* die Forschungstradition, die später unter dem Namen „Freiburger Schule" bekannt geworden ist und eine eigenständige deutsche Variante des Neoliberalismus darstellt. Der interdisziplinäre Kreis beschäftigte sich mit der privaten Macht in einer freien Gesellschaft und der Frage, wie die Ordnung der freien Wirtschaft zum damaligen Zeitpunkt beschaffen war und wie sie beschaffen sein sollte, um effizient und menschenwürdig zugleich zu funktionieren und dieses Machtproblem zu umgehen.

Dabei ließen sich die ersten Vertreter der Freiburger Schule zur Beantwortung dieser Fragen auf der Ebene des Verhältnisses zwischen Staat und Privaten einerseits und zwischen den Privaten andererseits von der Erkenntnis eines engen Zusammenhangs zwischen Recht und Ökonomik leiten. Ziel der von den drei

---

* Marc Seiler ist externer Doktorand am Institut für Öffentliche Finanzen, Wettbewerb und Institutionen der Humboldt Universität zu Berlin.

* Nicolas Dallmann ist externer Doktorand am Deutschen Institut für kleine und mittlere Unternehmen in Berlin.

Wissenschaftlern durchgeführten Seminare war es, Anstöße für eine Rückbesinnung auf die Grundprinzipien einer freiheitlichen Wirtschaftsordnung zu geben. Geschehen sollte dies durch die Schaffung institutioneller Voraussetzungen für eine funktionierende marktliche Wettbewerbsordnung und durch eine verfassungsrechtliche Beschränkung der Handlungsspielräume der politischen Akteure. Das Ziel bestand in einer verstärkten Ausrichtung der Politik an den Präferenzen der Bürger. Diese aktive Gestaltung eines Ordnungsrahmens, der der wirtschaftlichen Entwicklung und der Freiheit des Einzelnen zuträglich ist und sich gegen die Vergabe von Privilegien und alle Formen der Vermachtung richtet, stellt das Forschungsprogramm der Freiburger Schule dar.

Neben der damit verbundenen Kritik am Zeitgeist der *Historischen Schule* und der Wissenschaft im Stile Schmollers grenzte sich die Freiburger Schule auch gegenüber dem Optimismus des *Laissez-faire-Liberalismus* und dessen Vertrauen auf die sich selbst steuernden und stets dem Gemeinwohl dienenden Kräfte der „unsichtbaren Hand" ab. Vielmehr erkannten ihre Vertreter bereits zum damaligen Zeitpunkt die Notwendigkeit, die Rahmenbedingungen auf der konstitutionellen Ebene aktiv mitzugestalten, um die Funktionseigenschaften und damit auch die Ergebnisse individuellen und eigeninteressierten Handelns in gesamtgesellschaftlich wünschenswerte Bahnen zu lenken.

Das Leitmotiv für die daraus abgeleitete Bedeutung einer die Spielregeln gestaltenden Ordnungspolitik ist das Prinzip des Leistungswettbewerbs, demzufolge wirtschaftliche Erfolge ausschließlich auf die Erfüllung der Konsumentenwünsche, nicht aber auf den Wettbewerb einschränkende oder politisch erzeugte Begünstigungen begründet sein dürfen. Gerade in solchen behindernden privaten oder begünstigenden fiskalischen Aktivitäten liegt für die Vertreter der Freiburger Schule die Entstehung von wirtschaftlicher und politischer Macht als Bedrohung der Freiheit und der Funktionsfähigkeit des Wettbewerbs begründet. Bereits damals wurde erkannt, dass auf Grund des selbst nicht kontrollierbaren, innovationsbedingten Anpassungsdrucks im marktlichen Wettbewerb und der politischen Wiederwahlrestriktionen eine Suche nach politisch gewährten Vergünstigungen die effizienteste Ressourcenverwendung und die dominante Strategie darstellen kann. Das damit verbundene Gefangenendilemma der Privilegiensuche könne nach Auffassung der Vertreter der Freiburger Schule nur durch kollektive Selbstbindung auf der Regelebene in Form einer Wettbewerbsordnung zur Sicherung eines echten Leistungswettbewerbs der marktlichen Akteure gelöst werden.

Da aus einer Zustimmung auf der Regelebene nicht automatisch die bereitwillige Unterwerfung unter diese Regeln folgt, bedarf es auf der einen Seite einer staatlichen Überwachungs- und Sanktionierungsinstanz zur Ahndung behindernder Maßnahmen im marktlichen Wettbewerb, zum anderen eines verfassungsrechtlich in seiner Macht beschnittenen Staates, um dessen Position gegenüber den Privilegien fordernden Interessengruppen zu stärken. Daneben bedürfe es konstituierender und regulierender Prinzipien zur Realisierung einer reinen, idealtypischen Wirtschaftsform der vollständigen Konkurrenz mit funktionierendem Preissystem. Wichtige konstituierende Parameter stellen dabei eine konstante Wirtschaftspolitik, ein stabiler Geldwert und offene Märkte dar. Rechtlich bedarf es einer staatlichen Sicherung der Institutionen des Privateigentums als Ausdruck der Freiheitssphäre, der Vertragsfreiheit als Bedingung freiwilliger Kooperationen und der Haftung zur Gewährleistung eines sorgfältigen ökonomischen Handelns im Rahmen der freiheitlichen Verantwortung. Daneben billigen die Vertreter der Freiburger Schule dem Staat, beispielsweise im Bereich der Monopolkontrolle, weitere regulierende Aufgaben zur Vermeidung wettbewerbsbeschränkender Tendenzen zu.

Ein letzter, zentraler Punkt der ordoliberalen Ideen stellt die konsequente Verwirklichung eines sozialen und wirtschaftlichen Ausgleichs durch eine Verbindung der Wirtschafts- und Sozialpolitik auf der Ebene der Wirtschaftsverfassung dar. Sozialpolitik wurde nicht als eine Politik *für* oder *gegen* den Markt, sondern *mit* dem Markt gesehen – ein Ansatz, der den Gegensatz zwischen ethischem Anspruch und ökonomischer Sachnotwendigkeit aufzuheben in der Lage war.

## 2    Friedrich August von Hayek

Wenngleich sich das Forschungsprogramm *Friedrich August von Hayek*s in zahlreichen Punkten – vor allem hinsichtlich seiner Einschätzungen der primären Gefahren für eine freiheitliche Ordnung – von den Einschätzungen der Vertreter der Freiburger Schule unterschied, steht auch sein Name in engem Zusammenhang zu deren Tradition. Dies hängt zum einen mit einer auf den selben liberalen Grundeinstellungen basierenden Freundschaft und einer daraus resultierenden engen wissenschaftlichen Zusammenarbeit mit Walter Eucken zusammen, zum anderen mit dem von Hayek im Rahmen der Antrittsvorlesung an der Albert-Ludwigs-Universität abgelegten Bekenntnis einer Verbundenheit mit den Freiburger Ideen. Hayek hatte seinerzeit angekündigt, die ordoliberalen Theoreme einer freiheitlichen Wirtschafts- und Gesellschaftsordnung „aufzunehmen und fortzuführen".

Hayeks Forschung drehte sich im Kern um die Frage, wie die wirtschaftlichen Akteure trotz ihres kognitiv und informativ begrenzten Wissens zu einer wünschenswerten Ordnung vordringen können. In den von den Vertretern der Freiburger Schule proklamierten aktiven staatlichen Gestaltung und Durchsetzung des dem marktlichen Wettbewerb vorgelagerten Ordnungsrahmens sah Hayek aber gerade die Hauptgefahr einer durch Wissensanmaßung konstruierten und damit eine freiheitliche Ordnung potentiell zerstörenden aktiven Gesellschaftsausgestaltung. Weder könne es gelingen, durch Einzelanordnungen eine wünschenswerte Gesellschaftsordnung zu schaffen, noch durch eine konstruktivistische Herangehenswiese eine wünschenswerte soziale Regelordnung zu entwerfen und zu implementieren. Vielmehr könne auf Grund der Komplexität sozialer Phänomene die Wirkung von Regeln vom Menschen unmöglich prognostiziert und daher auch nicht gesteuert werden. Hayek vertritt vielmehr die Auffassung, dass eine wünschenswerte Regelordnung nur das Ergebnis eines spontanen wettbewerblichen Selektions- und Entdeckungsprozesses sein könne. Eine planvolle Ordnungsgestaltung als Substitut für ein spontanes Ergebnis des Wettbewerbs unterschiedlicher Regeln lehnt er – zumindest in seinen späteren Arbeiten – auf Grund der inhärenten Wissensprobleme ab.

Abgesehen von dieser skeptischen Haltung gegenüber Entwurf und Ausgestaltung des institutionellen Rahmens als Ergebnis menschlichen Entwurfs und der daraus resultierenden Kritik an sämtlichen interventionistischen oder gar planwirtschaftlichen Konzepten wendet er sich damit auch gegen die von vollständig informierten Akteuren ausgehende neoklassische Gleichgewichtstheorie.

Wenngleich sich demnach auf der Ebene der Spielregeln und hinsichtlich der erkannten primären Gefahren für eine freiheitliche Ordnung Unterschiede zwischen den Forschungsrichtungen der Freiburger und der Österreichischen Schule ergeben, bestehen auch zahlreiche Gemeinsamkeiten. Deutlich werden diese vor allem im Bereich tiefer Ablehnung jeglicher Sonderbehandlungen und der auch von Hayek gesehenen Notwendigkeit, zur Sicherung einer wünschenswerten Regelordnung die Handlungsspielräume der politischen Akteure durch adäquate Gestaltung der politischen Verfassung zu beschränken. Auch er sah eine allgemeingültige und privilegienfreie Zivil- und Privatrechtsgesellschaft als Kennzeichen einer liberalen Gesellschaftsordnung und die Suche und Vergabe ungerechtfertigter Renten als Hauptbedrohung ebendieser Ordnung an. Beide Forschungsrichtungen wenden sich darüber hinaus gegen eine fiskalische Veränderung der *Ergebnisse* des Marktes. Sie sprechen sich vielmehr für eine Koordination individueller Einzelbestrebungen mit Hilfe geeigneter *Verfahren* zur Abgrenzung der individuellen Freiheitsräume in Form von Regeln aus.

An dieser Stelle wird deutlich, dass die oben aufgezeigten Unterschiede keine Widersprüche darstellen, beide Forschungsprogramme vielmehr im Rahmen des jeweils anderen Berücksichtigung finden und sie sich gar in kompatibler Weise ergänzen. Zum einen messen die Vertreter der Freiburger Schule dem Wettbewerb als Entmachtungs- und Leistungsanreizmechanismus zugleich auch eine Entdeckungsfunktion bei, zum anderen erkennt auch Hayek an, dass nicht jegliche Formen des Wettbewerbs sozial wünschenswerte Eigenschaften aufweisen, was ihn in seinen frühen Arbeiten dazu veranlasste, einen durchdachten Regelrahmen als eine wesentliche Voraussetzung für eine funktionierende Konkurrenz zu bezeichnen.

Diese Gemeinsamkeiten werden ergänzt durch den, die Freiburger Ideen weiterentwickelnden Charakter des Hayek'schen Forschungsprogramms während seiner Zeit in Freiburg. Dies gilt vor allem für die Fortführung der Gedanken Euckens über einen starken Staat, der sich durch seine verfassungsrechtlich eingeschränkte Kompetenz gegenüber den Forderungen der Interessengruppen als „immun" erweist. Während bei Eucken jedoch – sicher auch auf Grund seines frühen Todes – eine inhaltliche Konkretisierung der Charakteristik eines solchen Staates und der hierfür notwendigen Ausgestaltung der Staatverfassung fehlt, findet diese Ordnungspolitik für den politischen Bereich in den Arbeiten Hayeks Berücksichtigung. Aus seiner Kritik an der bestehenden Doppelaufgabe politischer Entscheidungsträger im Bereich der Gestaltung allgemeiner Regeln und dem laufenden Regierungsgeschäft leitet er Reformvorschläge zur Vermeidung des daraus resultierenden starken Einflusses tagespolitischer Überlegungen bei der Bewertung von Regelalternativen ab. Er betont damit die Relevanz einer wirksamen Abschirmung der für die Regeln zuständigen demokratischen Institutionen gegenüber Einflüssen der Vertreter der Partikularinteressen und den sich aus der Wiederwahlrestriktion ergebenden Zwängen und spricht sich für eine strikte institutionelle Trennung der eigentlichen Gesetzgebungskörperschaft von der Durchführung politischer Aktionen aus. Die Folge wäre eine verstärkte Berücksichtigung der langfristigen Steuerungswirkung konstitutioneller Arrangements für die Privatrechtsordnung. Dies stellt eine Forderung dar, die sich mit jener der Vertreter der Freiburger Schule deckt und ähnlich wie die Gesamtheit ordoliberaler Ideen in der aktuellen Debatte über institutionelle Reformen in keinster Wiese an Relevanz verloren hat.

## 3    Konzeption der Vortragsreihe

Um der Forderung einer Verknüpfung beider theoretischen Ansätze Rechnung zu tragen und somit auch eine integrative, zumindest aber komplementäre theoretische Herangehensweise an aktuelle gesellschaftliche Institutionenprobleme zu ermöglichen, wurde die Vortragsreihe *„Freiburger Anregungen zu Wirtschaft und Gesellschaft"* ins Leben gerufen. Sie stellt den Versuch dar, gesellschaftliche Problemfelder in einem ausgewogenen Verhältnis sowohl aus ordoliberaler in der Tradition des Kreises um Walter Eucken als auch aus evolutionsökonomischer Sicht im Sinne Hayeks zu beleuchten und die in diesen Disziplinen generierten theoretischen Erkenntnisse für die Lösung praktischer gesellschafts- und wirtschaftspolitischer Probleme nutzbar zu machen.

Die Verwirklichung der Idee einer theoretischen Ausgewogenheit wurde bei der praktischen Umsetzung zum einen durch eine dieser Idee zuträglichen Bestimmung der Vortragthemen, zum anderen durch eine gezielte Auswahl der Referenten sichergestellt. Dabei sollte eine sehr breit gefächerte Auswahl an Problemfeldern verwirklicht werden. Dieses Bestreben begründet den sehr weit gefassten Titel der Vortragsreihe. Somit zeichnet sich die Vortragsreihe trotz der Forderung, die methodologische Basis zur Behandlung aktueller Probleme solle „Freiburger Züge" tragen, durch ein sehr breit gefassten Anwendungsbereich aus.

*Manfred E. Streit*, der in seiner Funktion als Leiter eines Instituts der Max-Planck-Gesellschaft in Jena lange Jahre in der Tradition Hayeks herausragend wirkte, portraitiert in seinem Beitrag neben der Freiburger Schule auch das Wirken Hayeks an der Universität Freiburg. Neben der Entstehungsgeschichte der Freiburger Schule geht Streit auch auf deren prominenteste Vertreter sowie auf den Zusammenhang beider Denktraditionen ein. Aufbauend auf der so vermittelten theoretischen Basis verfolgen alle nachfolgenden Beiträge das Ziel, die in diesen Disziplinen generierten theoretischen Erkenntnisse für die Lösung praktischer gesellschafts- und wirtschaftspolitischer Probleme nutzbar zu machen.

*Jochen Röpke*, der bei Friedrich August von Hayek promovierte und sich habilitierte, betont in seinem Referat die Bedeutung des Wettbewerbs bei der Entdeckung neuen Wissens im Bereich der medizinischen Nanotechnologie zur Verlängerung der menschlichen Lebenserwartung. Er geht dabei zugleich auch auf das Problem nur implizit beim Wissenschaftler bestehenden Wissens und des damit verbundenen Knowing-doing-gaps ein. Eine Revolution im Bereich der Lebensspanne sei nur durch ein Entdeckungsverfahren möglich, das sowohl beim Einzelnen selbst als auch im marktlichen und wissenschaftlichen Kontext wirksam werden müsse, um strukturgekoppelt neue Möglichkeiten des biologischen-seelischen Seins generieren zu können. Zur Durchsetzung beider Experimentierverfahren müssten auch Politik und Recht neue Möglichkeiten der Freiheiten entdecken.

Demgegenüber behandelt *René L. Frey* in seinem Beitrag ganz im ordoliberalen Sinne die bis dato beobachtbaren Defekte im Regelwerk des schweizerischen Wettbewerbs der Kantone um die Gunst mobiler Faktoren und wohlhabender Bürger, leitet darauf aufbauend ordnungspolitischen Handlungsbedarf ab und skizziert abschließend den von ihm maßgeblich mitentwickelten Ansatz zur Neukonzeption des schweizerischen Finanzausgleichs zur Minderung ordnungspolitischer Defekte. Deutlich wird dabei, dass sich das bereits von Walter Eucken begründeterweise gehegte Misstrauen gegenüber der Vorstellung des *Laissez-faire-Liberalismus*, wettbewerbliche Prozesse steuerten sich auch ohne Regelwerk selbst und dienten auch ohne institutionelle Reglementierung stets dem Gemeinwohl, auch für den gebietskörperschaftlichen Wettbewerb Gültigkeit besitzt. Für diesen Wettbewerbstyp identifiziert Frey die Notwendigkeit, die Rahmenbedingungen auf der konstitutionellen Ebene aktiv mitzugestalten, um die Funktionseigenschaften und damit auch die Ergebnisse individuellen und eigeninteressierten Handelns der Kantone und der wandernden Bürger in gesamtgesellschaftlich wünschenswerte Bahnen zu lenken.

Auch *Guy Kirsch* weist in seinem Beitrag in Nähe zum ordoliberalen Gedankengut auf einen nur unzureichend funktionierenden Wettbewerbstyp ein. Aufbauend auf einer Abkehr von der in der traditionellen Wirtschaftstheorie vorherrschenden Vorstellung eines *homo oeconomicus* und einer Ergänzung dieses Menschenbildes um den bisher beinahe unberücksichtigten Gefühlskomplex der individuellen Angst und Furcht zeigt er, dass beide Gefühle großes Gewicht für die Dynamik einer liberalen Gesellschaftsordnung aufweisen und für das Funktionieren und die Weiterentwicklung von Gesellschaften von elementarer Bedeutung sind. Allerdings betont er zugleich die Gefahr, dass durch unzureichenden Wettbewerb auf dem Markt für Furchtobjekte Machtmissbrauchsräume einzelner Akteure bestehen könnten – zum Beispiel in Form ineffizienter Angebotsmonopole. Vor allem in der politischen Landschaft moderner demokratischer Gemeinwesen sieht Kirsch Grund zur Sorge.

Zuletzt betont *Thomas Straubhaar* in seinem Beitrag die Notwendigkeit, vor der wissenschaftlichen Generierung von Reformkonzepten der Frage nachzugehen, wer über derartige Reformen beschließt und wie sich die Anreizstrukturen der Entscheidungsträger darstellen. Nur so ließe sich das real beobachtbare Problem einer ausbleibenden Umsetzung zielführender wissenschaftlicher Erkenntnisse im politischen Prozess auch einer wissenschaftlichen Analyse zugänglich machen. Dabei hebt Straubhaar in ordnungsökonomischer Tradition die in diesem Zusammenhang hohe Bedeutung von Regeln und Normen in Form demokratischer Prinzipien und Institutionen hervor. Sind diese falsch justiert, bahnt dies den Weg in eine stagnierende Wertschöpfung und härter werdende Verteilungskämpfe. In dieser Situation, so Straubhaar, bedürfe es zur Durchbrechung des damit verbundenen Teufelskreises der Privilegienvergabe einer reformwilligen Öffentlichkeit und eines Schumpeter'schen Politikers, der notwendige Reformen klar kommuniziert und Partikularinteressen zurückdrängt. An die Seite guter Spielregeln müssten auch gute Spieler treten.

# Ein Porträt der „Freiburger Schule"

## Manfred E. Streit[*]

| | | |
|---|---|---|
| 1 | Einleitung und Überblick | 9 |
| 2 | Prominente Köpfe der Schule | 10 |
| 3 | Lösungsansätze für sozio-ökonomische Probleme | 11 |
| 4 | Werthaltungen und Überzeugungen | 13 |
| 5 | Schlussbemerkung | 14 |
| | Literatur | 15 |

## 1    Einleitung und Überblick

Mit der „Freiburger Schule" wird eine Gruppe von Gesellschaftswissenschaftlern bezeichnet, die ein Mitglied von ihr, Franz Böhm, beschrieb als „Forschungs- und Lehrgemeinschaft zwischen Juristen und Volkswirten an der Universität Freiburg während der dreißiger und vierziger Jahre des 20. Jahrhunderts". Heute erscheint eine solche Konstellation hochschulpolitisch als ungewöhnlich. Die Gemeinschaft zeichnete sich durch wissenschaftlich bedeutsame Synergien aus, die auch gegenwärtig erstrebenswert sein sollten.

Im Folgenden werde ich zunächst die prominenten Köpfe der Schule vorstellen (Teil 2). Sodann (Teil 3) gehe ich auf ihre Lösungsansätze für sozio-ökonomische Probleme ein. Schließlich (Teil 4) stehen ihre Wertvorstellungen und Überzeugungen im Vordergrund, bevor ich zur Schlussbemerkung (Teil 5) kommen werde.

---

[*] Prof. Dr. Manfred E. Streit ist emeritierter Direktor des Max-Planck-Instituts für Ökonomik in Jena.

## 2 Prominente Köpfe der Schule

Zunächst ist der Ökonom unter ihren Mitgliedern, Walter Eucken (1891 – 1950), zu nennen. Ferner sollte ich Adolf Lampe und Constantin von Dietze erwähnen, auf die ich später noch eingehen werde.

Eucken kam 1927 von Tübingen nach Freiburg, wo er zwei Jahre zuvor einen Lehrstuhl eingenommen hatte. Sein Vater war der Jenaer Philosoph und Nobelpreisträger Rudolf Eucken. Euckens Elternhaus stand in der Botzstraße in Jena. Heute ist dort ein Institut der Universität untergebracht. An Walter Eucken erinnert gegenwärtig ein großes Gemälde an der Stirnwand der Aula in der Jenaer Universität am Fürstengraben. Es zeigt den Auszug der Jenaer Studenten zur Völkerschlacht bei Leipzig (1813). Eucken stand dem Maler, Marc Hodler, bei der Abbildung eines Studenten Modell, der im Vordergrund des Bildes seine Jacke überstreift. In Freiburg entwickelte sich Eucken zu einer Forscherpersönlichkeit, welche die Entwicklung der angesprochenen Forschungs- und Lehrgemeinschaft nachhaltig prägte.

Hans Großmann-Doerth (1894 – 1944), ein Ordinarius für Zivil- und Handelsrecht, verließ die Universität Prag und nahm zur gleichen Zeit wie Eucken seinen Dienst in Freiburg auf. Mit Eucken veranstaltete er ein gemeinsames Seminar für Juristen und Ökonomen. Gegenstand des Seminars war die Wirtschaftsordnung und ihr gesetzlicher Rahmen. Das Seminar selbst kann als Keimzelle der „Freiburger Schule" angesehen werden.

Franz Böhm (1895 – 1977) war vor Freiburg beurlaubter badischer Staatsanwalt im Kartellreferat des Reichswirtschaftsministeriums. Aus dieser Tätigkeit bezog er seine wesentlichen Einsichten in das Markt- und Wettbewerbsgeschehen. Sie waren ausschlaggebend für sein Habilitationsvorhaben in Freiburg. Eucken und Großmann-Doerth betreuten das Vorhaben und fungierten als Gutachter seiner Habilitationsschrift „Wettbewerb und Monopolkampf" (1933). 1936 folgte Böhm einen Ruf nach Jena. 1939 wurde er wegen seiner Kritik an der Judenpolitik des NS-Regimes aus dem Universitätsdienst entlassen. Er legte Berufung ein. Danach wurde er wieder in Dienst gestellt, erhielt jedoch keine Lehrerlaubnis. 1945 kehrte er nach Freiburg zurück, wurde Ordinarius und diente der Universität als Prorektor, bis er 1946 einen Ruf an die Universität Frankfurt/Main annahm. Auch danach hielt er Kontakt zu Eucken und gründete mit Ihm das ORDO-Jahrbuch, was noch heute eines der bedeutenden Diskussionsforen für Forschungen zu Fragen der Wirtschaftsordnung und der institutionellen Rahmenbedingungen für eine freiheitliche Gesellschaft ist. Als Mitglied des Deutschen Bundestages engagierte sich Böhm in der Vorbereitung der neuen Wettbewerbsgesetzgebung der Bundesrepublik und diente in der Wiedergutmachungskommission.

F. A. von Hayek (1899 – 1993) kam 12 Jahre nach Euckens vorzeitigem Tod von Chicago nach Freiburg. In seiner Antrittsvorlesung (Wirtschaft, Wissenschaft und Politik) erklärte er sich ausdrücklich zum Nachfolger von Eucken: „Ich brauche Ihnen nicht zu erklären, was es bedeutet, wenn ich heute hier sage, dass ich es als eine meiner vornehmsten Aufgaben betrachten werde, die Überlieferung aufzunehmen und fortzuführen, die Eucken und sein Kreis in Freiburg und in Deutschland geschaffen haben." Mit Eucken stand Hayek schon während des Krieges und bei seiner Arbeit an „Der Weg zur Knechtschaft" in Kontakt. 1947 konnte er ihn als Gründungsmitglied der Mont Pélerin Society, eine Vereinigung liberaler Ökonomen, gewinnen. Auch Böhm wurde bald darauf Mitglied der Gesellschaft. Die Berufung Hayeks nach Freiburg kommentierte Theodor Eschenburg, der Nestor der deutschen Politologen in seiner Laudatio anlässlich Hayeks Aufnahme in den Orden pour le Mérit 1978, vier Jahre nach Hayeks Auszeichnung mit dem Nobelpreis, wie folgt: „Die Berufung eines Dreiundsechzigjährigen kam in Deutschland ganz selten vor, besonders in einem so sparsamen Land wie Baden-Württemberg". Für Hayek war Freiburg eine Rückkehr zur Ökonomie nach den eher philosophischen Jahren in Chicago. In Freiburg lehrte er Wirtschaftspolitik und strebte eine Verbindung zu den Juristen durch auf sie ausgerichtete Lehrveranstaltungen an.

## 3 Lösungsansätze für sozio-ökonomische Probleme

Im Zentrum der intellektuellen Bemühungen der Mitglieder der Schule stand das Denken in Ordnungen im Sinne von Interaktionsmustern oder Mustern im Zusammenwirken zahlreicher ökonomischer Akteure. Zwei miteinander verwandte Zugänge zum Ordnungsdenken sind identifizierbar:

- phänomenologisch oder an empirischen Erscheinungsformen orientiert,
- kognitionstheoretisch oder auf Erkenntnis, Wahrnehmung, Bewusstseinsinhalte gerichtet.

Für Eucken war vermutlich hinsichtlich des ersten Zugangs zum Ordnungsdenken die Bekanntschaft mit dem philosophischen Phänomenologen Edmund Husserl bedeutsam (er kam 1916 nach Freiburg, bekannt durch „Untersuchungen zur Phänomenologie und Theorie der Erkenntnis"). Husserl war häufig Gast der Familie Eucken. Für Eucken war die verkehrs- oder marktwirtschaftliche Ordnung natürlich, gottgewollt und deshalb erstrebenswert. Damit war er normativ in der Nähe eines naturalistischen Trugschlusses, vergleichbar dem der Physiokraten. Aus deren Unterscheidung einer ordre naturel und ordre positif lässt sich ein ordnungspolitischer Anspruch ableiten. In seinen Grundsätzen der Wirtschaftspolitik (1952) forderte Eucken: „Die Wirtschaftspolitik aber soll die freie, natürliche, gottgewollte Ordnung verwirklichen." Aus dieser Sicht wird auch Euckens Wunsch verständlich, das ORDO zu errichten; denn es entspräche „dem Wesen des Menschen und der Sache". Die Ordnung selbst ist Folge der sichtbaren Hand des Rechts. So sind auch Euckens konstituierende Prinzipien zu verstehen, deren Realisierung auf Gesetzgebung beruht. In der Sprache Hayeks handelt es sich um eine gesetzte Ordnung.

Hayek fand einen kognitionstheoretischen Zugang zum Ordnungsdenken. Wie der Phänomenologe zielte er auf Bewusstsein, Wahrnehmung, Sinnesinhalte, Gedächtnisbilder oder Images (Boulding). Am Anfang seines Ordnungsdenkens stand sein studentischer Kritikversuch am Psychologen Ernst Mach und dessen „Theorie der Empfindungen". Er schlug sich nieder in einer Seminararbeit vom September 1920: „Beiträge zur Theorie der Entwicklung des Bewusstseins". Die Arbeit selbst habe ich abdrucken lassen als Anhang 1 in der von mir übersetzten und edierten neurophysiologischen Monographie Hayeks „The Sensory Order". Sie ist eine vorzügliche Wiedergabe der Hauptgedanken der von vielen als schwierig beurteilten Monographie. Ordnung ergibt sich danach aus einer Abstraktionsleistung des menschlichen Gehirns als Wahrnehmungsapparat. Abstrahiert wird von einer als komplex erfahrenen Außenwelt des Menschen. Die Abstraktion wird geleistet von der Mustererkennung, einer genetisch bedingten menschlichen Fähigkeit. Hier wird die Nähe Hayeks zur biologischen Erkenntnistheorie deutlich. So argumentiert Konrad Lorenz („Die Rückseite des Spiegels") mit der Fähigkeit, Muster zu erkennen und sie im Verlauf eines Lernprozesses zu revidieren, sein „pattern-matching". Nichts weniger als dies hat Hayek, der in späteren Arbeiten Muster und Ordnung synonym verwendete, in seiner 1952 erschienen „The Sensory Order" mit dem Wahrnehmungsprozess der multiplen Klassifikation beschrieben.

Eine weitere Verbindung lässt sich von Hayeks Ordnungsdenken zur Systemtheorie herstellen, wie sie von seinem Freund aus der Wiener Zeit, Ludwig von Bertallanffy, geprägt wurde. Systemtheoretisch kann die marktwirtschaftliche oder verkehrswirtschaftliche Ordnung als Folge einer Selbstorganisation der wirtschaftenden Akteure verstanden werden. Sie ist das Ergebnis zweier konstituierender Teilprozesse: (1) der Selbstkoordination der Akteure durch Tauschhandlungen oder Transaktionen und (2) der Selbstkontrolle als Folge ihrer Wettbewerbshandlungen, also als Ausdruck ihrer Wettbewerbsfreiheit. Die Betonung des Handelns der Marktteilnehmer führt zu Hayeks Beitrag zu den Ringvorlesungen seiner Rechts- und Staatswissenschaftlichen Fakultät im WS 1966/67, betitelt mit „Rechtsordnung und Handelnsordnung". Hierin betont er die kanalisierende, informierende Rolle des Privatrechts für das Handeln der Marktteilnehmer. Damit ergab sich eine intellektuelle Verbindung zu Franz Böhm. Sie kristallisierte sich in dessen Vortrag „Privatrechtsgesellschaft und Marktwirtschaft", gehalten in einem Seminar im Walter-Eucken-Institut. Hayek war anwesend und zeigte, Beobachtern zufolge, lebhafte Zustimmung. Der sehr lesenswerte, historisch orientierte Vortrag wurde 1966 in ORDO veröffentlicht.

Eucken war Hayeks und Böhms Analyse schon früher recht nahe gekommen, als er in seinen „Grundlagen der Nationalökonomie" (1940) fragte: „Und wenn viele Einzelwirtschaften zwar selbständig Pläne aufstellen, aber aufeinander angewiesen sind und in verkehrswirtschaftlichem Miteinander stehen, so fragt es sich, wie die Ordnung der verkehrswirtschaftlichen Beziehungen zwischen ihnen geartet ist. Welche Spielregeln herrschen?" Hayeks und Böhms Antwort wäre: die Regeln des Privatrechts. Damit wird eine Verbindung zur modernen Institutionenökonomik erkennbar.

Allerdings dürfte die Beziehung zwischen Ordnung und Recht bei Hayek anders geartet sein. Eucken sieht, wie Böhm, die sichtbare, ordnende Hand des Rechts als Quelle der Ordnung. Hayek, von der Systemtheorie kommend, sieht Ordnung als Folge einer Selbstorganisation der Akteure. Sein Konzept der gewachsenen oder spontanen Ordnung ist darin enthalten. Ordnung ist auch ohne ordnenden Geist möglich. Diese Erkenntnis kommt der des Psychologen Wolfgang Metzger nahe, den Hayek in seiner „Sensorischen Ordnung" zitiert. Nach Metzger gibt es Ordnungen, die nicht aus Zwang, sondern aus Freiheit da sind. Es ist die Freiheit, die das Privat- und Wettbewerbsrecht durch wirksame Beschränkungen der Handelnden gewähren. Die Ordnung ist dann in Anlehnung an den von Hayek in diesem Kontext zitierten Schotten Adam Ferguson „ein Ergebnis menschlichen Handelns aber nicht menschlichen Entwurfs".

## 4    Werthaltungen und Überzeugungen

Hayeks Wertschätzung von Böhms „Privatrechtsgesellschaft" ist auch normativ verständlich mit dem Blick auf seine „Große Gesellschaft". Es ist die Vision einer Gesellschaft, die unter einem Regelsystem lebt, welches die individuelle Freiheit sichert. Freiheit war also der zentrale Wert, welcher die Mitglieder normativ miteinander verband. Er ist auch erkennbar in Euckens „Wettbewerbsordnung". Wettbewerb wurde von Eucken, Böhm und Hayek befürwortet, weil sie seine kontrollierende und disziplinierende Wirkung in Wirtschaft und Gesellschaft sahen. Böhm sah in ihm das „genialste Entmachtungsinstrument der Geschichte". Er dient dazu, die Freiheit zu bewahren. Den Kern bildet die Abwanderung oder der „Exit" i.S.v. Hirschman, die Möglichkeit des Individuums, zur lohnender angesehenen Alternative wechseln zu können.

Die liberalen Grundüberzeugungen der Mitglieder der Schule standen in offenkundigem Konflikt mit denen des nationalsozialistischen Regimes. Das wurde für sie spürbar als das gemeinsame Seminar von Eucken und Großmann-Doerth auf politischen Druck hin 1936 eingestellt wurde. Ausgelöst wurde der Konflikt schließlich durch die Reichsprogrom- oder Reichskristallnacht vom 9.11.1938. Die Freiburger schlossen sich zwar nicht dem Widerstand an, der das Juli-Attentat auf Hitler organisierte. Hingegen gehörten Eucken, Böhm und Adolf Lampe als Freiburger Kreis einem Netzwerk von Wissenschaftlern an, die gegen Hitler und seine Wahnideen opponierten. Deutlich wurde die Opposition in den Auseinandersetzungen Euckens mit dem damaligen Rektor Martin Heidegger im Senat der Universität Freiburg. Heidegger, Schüler und Nachfolger von Husserl, schien in seinen Äußerungen Sympathien für das NS-Regime und seine Ideen zu hegen. Mitglieder des Freiburger Kreises trafen sich zu geheimen Gesprächen in Privatwohnungen. Sie diskutierten u.a. die Frage, wie die Wirtschafts- und Gesellschaftsordnung nach einem verlorenen Krieg aussehen sollte. Nach dem Juli-Attentat auf Hitler war der Kreis im Visier der Gestapo. Wie Jäger in seinem Festvortrag anlässlich der Verleihung der Ehrendoktorwürde an A. O. Hirschman berichtete, wurde Eucken schweren Verhören ausgesetzt. Adolf Lampe, von Dietze und der Historiker Ritter wurden vorübergehend in das KZ Ravensbrück gebracht, dort gefoltert und verhört. Die Kapitulation rettete sie vor dem sicheren Todesurteil. Lampe erlag später den gesundheitlichen Schäden seiner Inhaftierung. Die Beratungsunterlagen des Freiburger Kreises wurden versteckt (vergraben) und vergessen. Wesentliche Gedanken gingen in die Beratungen der „Arbeitsgemeinschaft Erwin von Beckerath" ein. Sie wurden später von der Witwe Lampes, Gertrud, veröffentlicht („Der Weg in die soziale Marktwirtschaft"). Die Tochter, Christine Blumenberg-Lampe, ging in ihrer Dissertation 1973 auf das wirtschaftspolitische Programm des Freiburger Kreises ein sowie auf die Opposition der Universität Freiburg, auch auf die Vernetzung der Freiburger mit anderen Zirkeln des intellektuellen Widerstands gegen Hitler. Die Beratungsergebnisse des Freiburger Kreises dienten nach dem Krieg als Grundlage für die Beratung Ludwig Erhardts, dem Leiter der Wirtschaftsverwaltung der (anglo-amerikanischen) Bi-Zone. Erhardt berief als Wirtschaftsminister im ersten Kabinett Adenauer auf Anraten von Hans Möller einen Wissenschaftlichen Beirat an seinem Ministerium, der am 23.1.1946 seine Gründungssitzung in Königstein im Taunus hatte. Mitglieder waren Eucken und Böhm, der als Gründungsvorsitzender fungierte und später von Erwin von Beckerath im Vorsitz abgelöst wurde. Mit seinen Gutachten war der Beirat maßgebend in den ordnungspolitisch kritischen Jahren des Wiederaufbaus.

# 5 Schlussbemerkung

In einer Rede vom 9. September 1912 in New York wird vom amerikanischen Präsident Wilson folgende Feststellung berichtet: „Die Geschichte der Freiheit ist eine Geschichte des Widerstands. Die Geschichte der Freiheit ist eine Geschichte der Begrenzung der Regierungsgewalt, nicht ihrer Vergrößerung."

Mein Portrait hatte am Ende den Widerstand freiheitlich gesinnter Wissenschaftler und seiner Wurzeln zum Gegenstand in einer Zeit, in der das nationalsozialistische Regime die unumschränkte Macht einforderte und diese in erschreckender Weise missbrauchte. Das Ergebnis der oppositionellen Bemühungen der Freiburger Schule war die Konzeption einer freiheitlichen Wirtschaftsordnung, die half, die Grundlagen für das erstaunliche deutsche Wirtschaftswunder zu legen, für eine Entwicklung, der wir gerade heute noch aus guten Gründen nachtrauern.

## Literatur

Blumenberg-Lampe, Christine (1973): *Das wirtschaftspolitische Programm der „Freiburger Kreise" – Entwurf einer freiheitlich-sozialen Nachkriegswirtschaft. Nationalökonomen gegen den Nationalsozialismus*, Berlin: Duncker & Humblot.

Blumenberg-Lampe, Christine (1986): *Der Weg in die Soziale Marktwirtschaft – Referate, Protokolle, Gutachten der Arbeitsgemeinschaft Erwin von Beckerath (1943-1947)*, Stuttgart: Klett – Insbesondere das Vorwort von Norbert Kloten.

Jäger, Wolfgang (2004): *Die Universität Freiburg im Dritten Reich und der Widerstand der Freiburger Kreise*, ZFW, H. 2 (2004), S. 19-22.

Streit, Manfred E. (1995): *Economic Order, Private Law and Public Policy: The Freiburg School of Law and Economics in Perspective*, Journal of Institutional and Theoretical Economics (JITE), 148 (1992), S. 675-704. In deutscher Übersetzung in Manfred E. Streit (Hrsg.): Freiburger Beiträge zur Ordnungsökonomik, Tübingen: Mohr Siebeck, S. 71-104

Streit, Manfred E. (1994): *The Freiburg School of Law and Economics*, in: Peter J. Boettke (Hrsg.): The Elgar Companion to Austrian Economics, Aldershot et al.: E. Elgar, S. 508-518.

Kasper, Wolfgang/Streit, Manfred E. (1995): *Lessons from the Freiburg School: The Institutional Foundations of Freedom and Prosperity*, Occasional Papers, Centre of Independent Studies, Sydney, Australia. In deutscher Übersetzung in Manfred E. Streit (Hrsg.): Freiburger Beiträge zur Ordnungsökonomik, Tübingen: Mohr Siebeck, S. 105-134.

# Die Denker der Freiburger Tradition – Korreferat zu Manfred E. Streit

Christoph Sprich[*]

1    Einleitung ................................................................................................17

2    Die Denker der Freiburger Forschungstradition ...........................................18

3    Lösungsansätze und erkenntnistheoretische Fundierung ...........................19

4    Wertehaltungen ......................................................................................19

5    Wirtschaftspolitische Unterschiede ...........................................................20

    Literatur .................................................................................................20

## 1    Einleitung

Mit seinem Beitrag „Ein Porträt der Freiburger Schule" gibt Manfred Streit einen besonders guten und prägnanten Überblick über die Arbeiten der sozialwissenschaftlichen Denker der „Freiburger Schule". Streit geht nicht nur auf die Gemeinsamkeiten dieser Denker ein, durch die eine sie verbindende Forschungstradition ins Leben gerufen wurde. Er weist auch auf die unterschiedlichen erkenntnistheoretischen Ansichten, auf die politische Bedeutung und auf die diesen Personen gemeinsame Wertehaltung hin.

In diesem Artikel soll der gelungene Beitrag Streits zunächst durch einen Vorschlag ergänzt werden, wie die verschiedenen Denker der Freiburger Forschungstradition besser gegeneinander abgegrenzt werden könnten. Danach sollen die für Streit besonders wichtigen Aspekte, der Bereich der erkenntnistheoretischen Unterschiede zwischen den Freiburgern sowie auch der Bereich der Werthaltung, diskutiert werden.

[*] Christoph Sprich ist externer Doktorand am Walter Eucken Institut Freiburg.

## 2 Die Denker der Freiburger Forschungstradition

Manfred Streit nennt mit Walter Eucken (Eucken 1952), Hans Großmann-Doerth (Blaurock/Goldschmidt/Hollerbach 2005) und Franz Böhm diejenigen Denker, die den Kern der ursprünglichen „Freiburger Schule" bilden. Die Bedeutung dieser sozialwissenschaftlichen Denkschule lässt sich allerdings nicht vollständig wiedergeben, wenn man nicht auch die Entwicklung dieser Denktradition in der Folgezeit erwähnt. So war der bereits von Streit erwähnte Ludwig Erhard nach dem frühen Tode Euckens an der Gründung des *Walter Eucken Instituts* beteiligt. Dieser „Think Tank", in dem die Ideen der Freiburger weiterlebten, wurde später lange Zeit von Friedrich August von Hayek geleitet. Die Kombination der sich so an diesem Institut vereinigenden ordnungspolitischen Forschungsbemühungen, also der evolutionären Ökonomik Hayeks einerseits und des Ordoliberalismus Euckenscher Prägung andererseits, können gemeinsam unter dem Begriff der „Freiburger Tradition" zusammengefasst werden. Die Freiburger Tradition umfasst dann in einem weiteren Sinne die für alle Vertreter dieser Tradition typische betont ordnungsökonomische Herangehensweise an wirtschaftspolitische Probleme. Unter dem Begriff der Freiburger Tradition kann im Rahmen dieser Definition dann auch die systematische Verbindung der Freiburger Schule mit der ebenfalls ordnungsökonomisch orientierten, aber moderneren konstitutionellen Ökonomik eines James Buchanan verstanden werden. Dieser ist, vollkommen in Übereinstimmung mit der Verwandtschaft zwischen den theoretischen Ansätzen, seit 2004 Ehrenpräsident des Eucken Institutes. Für die Herstellung dieser fruchtbaren Synthese und für die damit verbundene Weiterführung der ordnungspolitischen Tradition Freiburgs steht in besonderem Maße der Name des derzeitigen Direktors des Instituts, Viktor Vanberg (Vanberg 1994), der ein anerkannter Experte für die Ideen Hayeks und der Freiburger Schule ist und darüber hinaus lange Jahre mit James Buchanan zusammenarbeitete. Vanberg ist es auch, der die ordnungspolitischen Ideen der Freiburger Tradition gezielt von dem Bereich der wirtschaftlichen Interaktion der Bürger auf den Bereich der politischen Handlungen übertragen hat. Im Rahmen dieser „Constitutional Economics", also einer ordnungspolitischen Betrachtung politischer Prozesse, lassen sich Antworten auf aktuelle wirtschaftspolitische Probleme finden, beispielsweise im Zusammenhang mit dem vieldiskutierten Reformstau in Deutschland.

Es wäre also möglich, zwischen drei Etappen von Freiburger Wissenschaftlern zu unterscheiden. Zu nennen wären dann *erstens* Eucken, Böhm und Großman-Doerth, die den Kern der „Freiburger Schule" bilden. Als *zweite* Etappe wäre dann Hayek zu nennen, und *drittens* Buchanan und Vanberg. Die Vertreter aller Etappen repräsentieren dann gemeinsam die Freiburger Tradition. Auch Manfred E. Streit, der selbst viele Jahre den ehemaligen Lehrstuhl Hayeks in Freiburg innehatte und diese Tradition dort weiterpflegte, könnte dann einer dritten Etappe der Freiburger Tradition zugerechnet werden.

# 3    Lösungsansätze und erkenntnistheoretische Fundierung

Hervorzuheben ist Streits Darstellung der Unterschiede zwischen verschiedenen Denkern der Freiburger Forschungstradition bezüglich ihrer erkenntnistheoretischen Ansichten. Dabei baut das ordnungspolitische Denken Euckens auf den philosophischen Erkenntnissen auf, die er sich durch die Beschäftigung mit dem Phänomenologen Edmund Husserl, nicht zuletzt jedoch auch mit der Philosophie seines Vaters, des Literaturnobelpreisträgers Rudolf Eucken, erworben hatte. Hayeks evolutionäres und auf das Problem der menschlichen Wissensverarbeitung fokussiertes Denken basiert hingegen auf einer betont kognitionswissenschaftlichen Herangehensweise. Seine erkenntnistheoretischen Gedanken stellt er dar in dem Buch „The Sensory Order" aus dem Jahr 1952 (Hayek 1952), das jüngst von Manfred Streit ins Deutsche übertragen wurde. Trotz aller Unterschiede zwischen den erkenntnistheoretischen Vorstellungen beider Wissenschaftler erscheint jedoch bemerkenswert, dass die Denker der Freiburger Tradition ihre Gedanken zur wirtschaftlichen Interaktion von Akteuren aufbauten auf konkrete und fundierte Vorstellungen über die Natur dieser Akteure. Durch diese verhaltenstheoretische Fundierung ihrer Sozialwissenschaft heben sie sich von vielen moderner wirtschaftswissenschaftlicher Strömungen ab.

# 4    Wertehaltungen

Manfred Streit weist zu Recht darauf hin, dass das verbindende Element der Vertreter der Freiburger Tradition in normativer Hinsicht ihr Bekenntnis zum Wert der Freiheit ist. Auch wenn die Wertschätzung der Freiheit seitens der Freiburger nicht angezweifelt werden kann, so könnte dennoch mit Bezug auf Eucken, Böhm und Großmann-Doerth, aber auch in Hinblick auf Hayek eingewendet werden, dass für sie nicht die Verwirklichung individueller Freiheit *an sich* im Mittelpunkt ihres Interesses steht, sondern dass die Verwirklichung individueller Freiheit für sie aufgrund der zu erwartenden *sozialen Konsequenzen* erstrebenswert ist. Beispielsweise ist für Eucken die Freiheit zunächst *Bedingung* für die Verwirklichung des Ziels einer „zukunftsfähigen und menschenwürdigen Ordnung" (Eucken 1939: 240). Und auch wenn Hayek schon in seinem frühen Werk *The Road to Serfdom* ein klares Bekenntnis zum Wert der Freiheit ablegt, so ist in seiner wissensorientierten Sichtweise individuelle Freiheit vor allem deshalb zu verwirklichen, weil nur durch freie Individuen jene *spontane Ordnung* gebildet werden kann, durch die wirtschaftlich notwendiges Wissen effizient generiert und verarbeitet wird.

Gemeinsam ist allen Vertretern der Freiburger Tradition jedoch, dass für sie *Ordnung* kein Gegensatz, sondern sogar eine notwendige Bedingung individueller Freiheit ist (Wohlgemuth/Streit 2000: 475). Bemerkenswert und bezeichnend für den Willen zur Verwirklichung einer freiheitlichen Ordnung ist insbesondere die von Streit dargestellte Rolle der Freiburger Wirtschaftswissenschaftler im Widerstand gegen das nationalsozialistische Regime. Hinzuweisen ist hier auf verschiedene neue Arbeiten, die im Zusammenhang an das Erinnern an den 60. Jahrestag des Anschlages auf Adolf Hitler zu diesem Thema angefertigt wurden, und die neue Forschungsergebnisse hervorbrachten (Goldschmidt 2005).

## 5    Wirtschaftspolitische Unterschiede

In Hinblick auf das Hauptarbeitsgebiet der Freiburger, nämlich der Rahmenbedingungen des wirtschaftlichen Prozesses, lassen sich zahlreiche Unterschiede ausmachen. Hier könnten beispielsweise die verschiedenen Ansichten zur wettbewerbspolitischen Vorstellung Euckens vom „Als-ob-Wettbewerb" oder aber die Frage der Gestaltbarkeit von Wirtschaftsordnungen thematisiert werden. Bedeutender als die Unterschiede erscheint jedoch der bemerkenswert hohe Grad an Übereinstimmung der wirtschaftspolitischen Ansichten. Hier ist es in analytischer Hinsicht vor allem die strikte Trennung einer Ordnungsebene und einer Handelnsebene sowie in wirtschaftspolitisch-praktischer Hinsicht die hervorgehobene Rolle, die diese Denker der Gestaltung der Ordnungsebene zuweisen. Und insbesondere verbindet alle Denker der Freiburger Tradition ein klares Bekenntnis zu einer gestalteten Marktwirtschaft, die dem Wohle der Menschen dienen soll.

## Literatur

Blaurock, Uwe/Goldschmidt, Nils/Hollerbach, Alexander, Hrsg. (2005): *Das selbstgeschaffene Recht der Wirtschaft. Zum Gedenken an Hans Großmann-Doerth (1894-1944)*, Tübingen: Mohr Siebeck.

Eucken, Walter (1939): *Die Grundlagen der Nationalökonomie*, 4. Aufl., Jena: Fischer.

Eucken, Walter (1952): *Grundsätze der Wirtschaftspolitik*, Tübingen: Mohr Siebeck.

Goldschmidt, Nils, Hrsg. (2005): *Wirtschaft, Politik und Freiheit. Freiburger Wirtschaftswissenschaftler und der Widerstand*, Tübingen: Mohr Siebeck.

Hayek, Friedrich A. (1952): *The Sensory Order. An Inquiry into the Foundations of Theoretical Psychology*, Chicago: University of Chicago Press.

Vanberg, Viktor (1994): *Rules and choice in economics*, New York: Routledge.

Wohlgemuth, Michael/Streit, Manfred (2000): *Walter Eucken und Friedrich A. von Hayek: Initiatoren der Ordnungsökonomik*, in: Bernhard Külp/Viktor Vanberg (Hrsg.): Freiheit und wettbewerbliche Ordnung. Gedenkband zur Erinnerung an Walter Eucken, Freiburg: Haufe, S. 461-498.

# Innovationsdynamik und Lebensverlängerung – Ein Entdeckungsverfahren zur Überwindung des Todes[1]

## Jochen Röpke[*]

1   Die Zukunft des Todes im Zeitalter der Nanotechnologie ............................21

2   De Grey: Mit Fluchtgeschwindigkeit in die Unsterblichkeit ......................27

3   Kurzweil: Live long enough to live forever ..................................................38

4   Hayek: Das Leben als Entdeckungsreise ......................................................46

5   Schumpeter: Innovationsdynamik und Erzeugung von Unsterblichkeit ....51

Literatur ............................................................................................................60

## 1    Die Zukunft des Todes im Zeitalter der Nanotechnologie

Die einzigen Dinge auf die wir uns verlassen können, sind Tod und Steuern. Wie wir die Steuern los werden, weiß der Ökonom noch nicht. Wenden wir uns daher einer einfacheren Aufgabe zu: Wie überwinden wir den Tod? Gemeint ist der „natürliche" Tod, nicht der Tod, dem uns die politische Klasse ausliefert (Krieg, Euthanasie), der Tod durch Mord oder die Zufälle des Lebens (Unfall, Schlan-

---

[1] Diesem Beitrag liegen zwei Vorträge zugrunde. Der erste vor der Interdisciplinary Nano Working Group Marburg (23.11.2004), der zweite „Lebensjahr 5000 und F. A. von Hayek" an der Universität Freiburg im Breisgau im Rahmen der Vortragsreihe „Freiburger Anregungen zu Wirtschaft und Gesellschaft" des Vereins Freiburger Wirtschaftswissenschaftler. (16.12.2004), der dankenswerterweise die überarbeitete Fassung (letzte Überarbeitung, 23.06. 2005) veröffentlicht.

[*] Prof. Dr. Jochen Röpke ist emeritierter Professor des Lehrstuhls für Wirtschaftstheorie III an der Philipps-Universität Marburg und geschäftsführender Direktor des Marburger Förderzentrums für Existenzgründungen (MAFEX).

genbiss, 11/9). Es geht um Unsterblichkeit[2] und wie sie sich bio/nanotechnologisch[3] erzeugen ließe.[4] „Die Lebenserwartung wird im Jahre 2100 im Bereich von 5000 Jahren liegen" (De Grey). Auch wenn wir noch einige Jahrtausende wegstreichen – die Aussage des britischen Biogerontologen (University of Cambridge) grenzt ans Phantastische. Aufmerksamkeitsökonomie pur. Der Fachwissenschaftler greift sich an den Kopf. Gläubige greifen zum Buch der Genesis (120 Jahre hat Gott uns bewilligt).

Unser Beitrag stellt drei Verfahren vor, wie sich Unsterblichkeit verwirklichen ließe.

Wir beschäftigen uns allerdings nicht mit dem naturwissenschaftlichen und medizin-technologischen „Wie". Als Ökonom fehlt mir dazu die Fachkompetenz. Die „Wie-Frage" ist zudem im Augenblick, nach meiner Kenntnis, nicht zu beantworten. Was uns interessiert, ist vielmehr Verfahren vorzustellen, wie sich das Wissen gewinnen (entdecken) ließe, um über eine neukombinative Lebensverlängerung biologische Unsterblichkeit zu verwirklichen. Auch der Sinnfrage gehen wir aus dem Weg. Die Sinnfrage muss jeder für sich selbst beantworten. Es ist keine Angelegenheit der Gesellschaft, der „internationalen Gemeinschaft" und Instanzen der Moral und Ethik, dem Menschen vorzuschreiben, wie er sein *Leben* gestaltet.[5] Es geht uns also um ein „Wie des Wie": wie entdecken wir Wissen und wie gewinnen wir Fähigkeiten, die es uns gestatten, Antworten zu gewinnen, wie

---

[2] Wir folgen mit dieser Sichtweise einem Verständnis von Unsterblichkeit, wie es beispielsweise im „Immortality Institute" oder bei der Cyronics-Gemeinschaft üblich ist. Siehe Longevity Meme Newsletter, 20.09.04, der die Vielfalt der Definitionen und Missverständnisse anspricht und dann definiert: „[…]the term ‚physical immortality […]is used to denote ‚vulnerable agelessness' or freedom from the degenerative effects of aging. […] this accurately describes the ultimate goal of medical science: prevent or cure all disease, disability and degeneration, thus allowing people to live in perfect health for as long as they desire […] physical immortality has no bearing on spiritual or religious matters[…]"
(http://www.longevitymeme.org/newsletter/).

[3] Zur Nanotechnologie siehe den Einschub im Text.

[4] Phoenix (2003) gibt einen Überblick zu nanotechnologischen Möglichkeiten der Lebensverlängerung.

[5] Meinen Ausführungen liegt durchgängig eine ethische Position zugrunde, die sich aus chinesisch-daoistischen und schottisch-aufklärerischen Überlegungen herleitet, ethischen Schulen somit, die nicht auf eine moralische Kolonisierung der Menschen ausgerichtet sind. Für den Staat heißt das vor allem, sich aus den ethischen Belangen der Bürger heraus zu halten – was nicht als Werturteil, vielmehr als Bedingung der spontanen Entwicklung der Gesellschaft und seiner Teilsysteme zu verstehen ist. Wie Spinoza sagt: „Der Zweck des Staates ist die Freiheit." Oder: die beste – oder jedenfalls einfachste – Methode jemanden ethisch zu erziehen besteht darin, ihn in Frieden zu lassen.

wir die Lebensspanne ausweitende Innovationen durchsetzen. Wir bezeichnen es als „Entdeckungsverfahren der Unsterblichkeit".[6]

Das überragende Produkt der Bio-Nano-Revolution oder NBIC[7] ist die Überwindung des natürlichen Todes, die Schaffung „ewigen Lebens", Unsterblichkeit. Das ist nicht meine Erfindung. Ich versuche lediglich, Überlegungen einiger „Freidenker" wie Aubrey De Grey, Raymond Kurzweil, Chris Lawson in eine ökonomische Welt zu übertragen, die Bio/Nanorevolution auf ökonomische Füße zu stellen und mit den Einsichten von Ökonomen wie Hayek, Kondratieff und Schumpeter zu verbinden. Wir versuchen somit eine Integration von biologisch-physikalischem Wissensfortschritt mit wirtschaftlichen Neukombinationen

---

[6] Anmerkung zur Nanowissenschaft/technologie: Warum ist Nanotechnologie etwas Besonderes, Revolutionäres, vermutlich (siehe unten) eine/mehrere Basisinnovation/en? Wenn wir Materie im Nanobereich beobachten und verändern, emergieren Eigenschaften, die in einem größeren Bereich nicht beobachtbar und veränderbar sind. Die Physik von Newton weicht der Quantenphysik. Die Materie verfügt im Nanobereich (ein Milliardstel Meter; der Durchmesser eines Haares, tausendfach oder noch stärker verkleinert) über ungewöhnliche und neuartige Eigenschaften und eröffnet damit ein unermessliches Feld von Innovationsmöglichkeiten, die sich in einem Kondratieff, 50-60 Jahre, überhaupt nicht erschließen lassen. Die Eigenschaften der Materie im Nanobereich ändern sich dramatisch. Das ist oberflächlich formuliert. Die Eigenschaften waren immer schon da. Was sich ändert, ist unsere Fähigkeit, Eigenschaften im „Zwergenbereich" der Materie zu beobachten und gezielt für die Veränderung von Materie einzusetzen. Eigenschaften, die wir nicht beobachten können, existieren für uns theoretisch und praktisch nicht. Es sind *potentielle* Merkmale und Kausalitäten Der Mensch legt die Naturgesetze nicht willkürlich in die Natur hinein. Er holt sie, theoretisch konstruierend, aus ihr heraus. Er entdeckt immanent – für das nicht-wissenschaftliche Auge „blind" - wirkende Kausalitäten. Die zunehmende wissenschaftliche Entzauberung der „Zwergenwelt" und ihre technologische Beherrschung lässt uns Eigenschaften entdecken, die uns bislang verborgen blieben. In diesem Sinne *ändern* sich die Eigenschaften tatsächlich. In ähnlicher Weise deckt ein Psychotherapeut Eigenschaften der inneren Funktionsweise von Menschen auf, die einem Masseur oder Schulmediziner verborgen bleiben. Die Implikationen dieser Revolution zu verstehen fällt uns schwer. Sie überfordern unsere Vorstellungskraft. Wir erschließen mit der Nanotechnologie und in sie integrierend Bio- und Informationstechnologie, vollständig neuartige Welten der Neukombination. Wir können damit auch vollständig neuartige Produkte und Prozesse entwickeln. Die Anschlussfähigkeit des revolutionär Andersartigen an das Bestehende ist beschränkt. Politik, Recht, Wirtschaft, Religion sind überfordert, ihr „natürlicher", im gesellschaftlichen Diskurs antrainierter Reflex, wenn das Verstehen allmählich sich kommuniziert, ist daher ein „Anti". Wissenschaftliche und unternehmerische Pioniere müssen für uns die Nanowelt erschließen. Beobachter vergleichen den Eintritt in das Zeitalter der Nanotechnik mit einem Umbruch der menschlichen Entwicklung. Wir verlassen das paläolithische Zeitalter (siehe Abbildung 1).

[7] Siehe Wolfgang Nethöfel (2004) zum Konzept von NBIC (Nano, Bio, Info, Cogno) und alternativen Definitionsversuchen konvergierender Technologien. Konvergierend soll sagen, dass die einzelnen Wissenschafts- und Technologiefelder sich gegenseitig fördern, befruchten und synergetisieren.

oder die Fusion der Erkenntnislehre von F.A. von Hayek mit der Innovationsdynamik von J.A. Schumpeter und naturwissenschaftlicher Erkenntnisfortschritt.

> „Ich möchte nicht durch meine Arbeit Unsterblichkeit erlangen.
> Ich möchte sie erreichen, in dem ich nicht sterbe."
> Woody Allen

Was ich im Folgenden vorschlage ist ein „Modell" zur Schaffung ewigen Lebens
oder von Unsterblichkeit. Das Modell besteht aus drei Variablen: neuem Wissen,
schöpferischem Unternehmertum, Innovation. Das Wissen liefert die Erkenntnis, Unternehmertum die Energie des Tuns, Innovation den Veränderungsme-
chanismus. Wenn wir diese drei Variablen koppeln, überwinden wir den natürlichen Tod oder den „Selbstmord der Natur" (Nietzsche[8]).

1. Warum könnte die Frage einer dramatischen Ausweitung der menschlichen Lebensspanne für die Ökonomie von Interesse sein (im Folgenden
   Text beantworte ich diese Fragen nur implizit)?

2. Wie funktioniert und operiert eine Wirtschaft, in der Menschen faktisch
   biologisch nicht mehr altern bzw. ihr Alter den Mechanismen freier Entscheidung unterworfen ist?

3. Welche Entwicklungs- und Wohlstandswirkungen sind in einer solchen
   Gesellschaft zu erwarten?

4. Welche Folgen ergeben sich für Wirtschaft, Politik und Wissenschaft (in
   the *very* long run; in the long run, so wissen wir mit John M. Keynes:
   „We are all dead"), wenn wir – aus welchen Gründen auch immer –
   nicht auf eine lebensverlängernde Entdeckungsreise gehen?

5. Wie verschiebt sich die internationale wirtschaftliche und politische
   Machtstruktur, wenn Europa sich der Lebensspanne ausweitenden Innovationen verschließt (relativ abkoppelt), andere Regionen (Ostasien)
   sie aber tatkräftig fördern? Bilden sich, mit anderen Worten, mit dem
   Eintritt in das Zeitalter der Nanotechnologie (NBIC) neue Macht- und
   Wissenszentren, vergleichbar mit der Herausbildung von Führungs-
   mächten in der Folge der Industriellen Revolution?

---

[8] „Der natürliche Tod ist der Selbstmord der Natur" (Friedrich Nietzsche, MEN II, Wan
185).

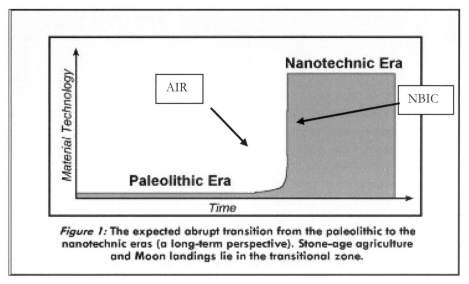

**Figure 1:** The expected abrupt transition from the paleolithic to the nanotechnic eras (a long-term perspective). Stone-age agriculture and Moon landings lie in the transitional zone.

Abb. 1: Ein neues Zeitalter. Quelle: Foresight, 1987; vom Autor ergänzt; AIR = Agrarisch-industrielle Revolution (Kondratieff 1-5); NBIC = Nano-, bio-, info-, cogno-technologische Revolution (Kondratieff 6 ff.)

Wir treten in ein neues Zeitalter ein. Dass wir es tun, wissen heute, wo wir die ersten Schritte tun, nur wenige. Ich möchte es als NBIC-Zeitalter oder -Ära bezeichnen. Wir gehen die ersten Schritte auf einer langen Reise. Sie dauert mehrere Jahrhunderte. Sie wird den wirtschaftlichen Raum für mehrere lange Wellen (Kondratieffs) öffnen. Welthistorisch ist das nicht ungewöhnlich.[9] Wir durchlaufen im Augenblick die letzten Jahrzehnte eines langen Zyklus, der mit der Industriellen Revolution gegen Ende des 18. Jh. beginnt. Ungefähr 250 Jahre oder fünf Kondratieffs. Die sechste lange Welle kündigt sich an – nicht durch einen Trompetenstoß. Die Signale sind schwach, so schwach, dass die meisten Menschen sie wahrnehmen, wie der Frosch der Anstieg der Temperatur im sich langsam erwärmenden Wassertopf. Das Ergebnis für beide: früher Tod. Der Staat freut sich (früher Tod bringt die Rente ins Lot), aber die Freude könnte bald dem Entsetzen weichen: Kondratieffarmut (siehe Abschnitt Schumpeter).

In dieser Skizze möchte ich eine Überlegung vortragen, die sich im Augenblick nur auf wenige Tatsachen stützen kann. Es geht ausschließlich um die Beschrei-

---

[9] In der Song-Dynastie des chinesischen Kaiserreiches (960-1279 n. Chr.) lassen sich vier lange Wellen nachweisen, die China zu einem Technologieführer machen und sein Wohlstandsniveau weit über das Westeuropas hinausheben. Vgl. die Überlegungen von Modelski / Thompson (1986) und Maddison (2001).

bung und grobe Erfassung eines zukünftigen wirtschaftlichen Möglichkeits-
raums.

Wer heute 30 Jahre alt ist, könnte 1000 Jahre leben, „5000 Jahre" (De Grey),
sogar noch länger, ewig, würden wir die Frage des Alterns so angehen, wie ein
Ingenieur ein technisches Problem. Manche Alternsforscher sehen das so (insbesondere De Grey; dGavrilovs; Aaron / Schwartz). Wir müssen nicht erst alles zu
verstehen lernen, was beim Altwerden schief gehen kann. Das dauert viel zu
lange, stabilisiert Fatalismus und generiert „Methusalem-Komplotte". Wir kön-
nen Techniken entwickeln und Werkzeuge herstellen, die es uns erlauben, den
Körper zu reparieren wie ein Mechaniker ein Auto. Hauptsache, es fährt wieder.
Bis zur nächsten Panne. Dann wieder Reparatur. So halten wir das Auto unseres
Lebens immer in Fahrt. Irgendwann können wir auch Teile einbauen, die das
Auto verjüngen. Dein Auto ist 20 Jahre alt. Du willst ein sechs Jahre altes Auto?
Do it. Fix it.[10]

Der evolutorische und epistemologische Trick der Immortalisten ist ein Vorgehen, eine Praxis, die nicht auf Superwissen setzt, keine „Anmaßung des Wissens"
unterstellt, auch nicht implizit (die Hayeksche Generalkritik an Konstruktivismus
und Sozialingenieurtum als eines „Weges in die Knechtschaft" unterläuft), die
Fallstricke einer expliziten Ethik (Kant, die Habermas-Schule, Wirtschaftsethik:
Ullrich) umgeht. Was sie vorschlagen: den Mensch sich autopoietisch[11] selbst

---

[10] Für die folgenden Überlegungen ist die Unterscheidung zwischen histori-
schem/chronologischem Alter eines Systems und seinem funktionalen – mechanischen,
biologischen – Alter von Bedeutung. Ein Tausendjähriger kann biologisch jünger sein als ein
Dreißigjähriger. Die gegenwärtige demographische, bio-medizinische und ethische Diskussion
der Alternsfrage setzt beides gleich. Nano und andere Komponenten des NBIC-Paradigmas
überwinden tendenziell die chronologische Zeit im biologischen Leben des Menschen, da sie
eine unaufhörliche Reproduktion der somatischen Lebensfunktionen ermöglichen. Und genau dieses – die Abkopplung der Zeit von der Biologie – schafft die Zeitchancen für selbste-
volutive Entfaltung und Reichtumsakkumulation. Mit dem Sinken der Zeitpräferenzrate hat
jeder die Chance, sein eigener Bill Gates (oder Buddha) zu werden – sogar der vom Staat
entmündigte und enteignete Rentner. Time is money – and money is life. Wie das funktioniert, ist ausführlicher in Röpke (2006) dargelegt.

[11] Unser Beitrag ist implizit „autopoietisch" angelegt. Wir legen eine *systemische* Betrachtungs-
weise zugrunde, die Systeme nicht von der Unterscheidung Teil und Ganzes (erstes Paradigma), von System und Umwelt (zweites Paradigma), vielmehr von der „Selbstschöpfung"
inputlos-geschlossener Systeme ausgeht (drittes Paradigma: „autopoietische Wende"). Es geht
dabei nicht um Selbsterschaffung aus dem Nichts, wohl aber um das Verstehen der Funktionsweise von Systemen, die von ihrer Eigendynamik her auf ihre Fortsetzung (Reproduktion)
ausgerichtet sind. Diese biologisch-medizinisch zu ermöglichen, also die Autopoiesis eines
integral funktionierenden Körpers zu verwirklichen, ist, systemisch betrachtet, der visionäre
Inhalt der Programme von life extension. Lebensverlängerung bedeutet daher autopoietisch
betrachtet: Fortsetzung der Lebensdynamik im Jetzt (nicht Jenseits; dies wäre der Umschlag
in Religion: Glaube ersetzt die Erhaltung physischen Leben). Die Funktion der Religion –

erzeugen zu lassen, immer wieder, aufs neue, sich ihn selbst entwerfen zu lassen, bis er ewig lebt. Wie? Durch ein „Entdeckungsverfahren" (Hayek)[12] des Wissens, und (wie wir ergänzen; Abschnitte Hayek und Schumpeter) ein Durchsetzungsverfahren, das auf innovatives und evolutorisches Unternehmertum setzt, auf evolutionär gezügelte Revolution der wirtschaftlichen (und strukturell gekoppelt) wissenschaftlichen Grundlagen. Die Eisenbahn treibt den zweiten Kondratieff der industriellen Revolution. Bio- und Nanotechnik treiben die post-industrielle Entwicklung (Abbildungen 8 und 9). Gegen eine gen- und nanotechnische Erhaltung des Menschen lässt sich so viel einwenden wie gegen den Bau der Eisenbahn. Und viele, fast alle Zeitgenossen, hatten (damals noch keine ethischen, nur moralische) Einwände gegen die Eisenbahn, deren subventionierte Fortexistenz wir heute (auch ethisch) aufgefordert sind zu unterstützen.

Die Bio-Nano-Zeitenwende erzeugt (möglicherweise) Unsterblichkeit (ewiges Leben). Wenn sich eine Gesellschaft abkoppelt, folgt ökonomische, politische und kulturelle Degradierung; die Gesellschaft wird „afrikanisiert" und gedemütigt, wie China (Vries 2003) über mehrere Jahrhunderte. Sie geht den Weg jener Gesellschaften, für welche die Industrielle Revolution nur ein Rauschen blieb. Bis sie aufwacht, ihrer geistigen und körperlichen Vergreisung gewahr werdend und gegenevolutioniert – Millionen Menschen werden, im ethischen Diskurs ihrer rebellischen Meme politisch korrekt entsorgt, viele Lebensjahre einem frühen Tod geopfert haben.

## 2 De Grey: Mit Fluchtgeschwindigkeit in die Unsterblichkeit

Ich möchte die Überlegungen von zwei visionären Forschern vorstellen. Visionen machen nicht beliebt, auch nicht in der Wissenschaft. Für den wissenschaftlichen Handwerker und Analytiker sind De Grey und Kurzweil „Futuristen"; sie betreten wissenschaftlich illegales Territorium. Für den Journalisten grenzt ihr

---

und der religiös-ethisch motivierte Widerstand gegen Lebensverlängerung – ist verständlich. Wenn das Leben schon „brutal, kurz und gefährlich" ist (Hobbes), sollten wir zumindest die Hoffnung haben, es könnte nach unserem leiblichen Tod doch noch weitergehen. Was uns das Leben auf Erden verwehrt, genießen wir im Jenseits.

[12] Hayek hat den Begriff „Entdeckungsverfahren" in einem Vortrag im Jahr 1968 verwendet („Der Wettbewerb als Entdeckungsverfahren"; abgedruckt in Hayek 1969: 249ff.). Die Kernidee hat er in wegweisenden Aufsätzen in den 40er Jahren des vergangenen Jahrhunderts entwickelt. Ein Jahrzehnt später stellt er „competition as discovery process" ins Zentrum seiner Abgrenzung von Markt (Wirtschaft) und staatlicher Aktivität (Hayek 1979: 65ff.).

Tun an "Wahnsinn".[13] Sie leuchten ein Feld aus, welches für die normale Wissenschaft nicht existiert. Ohne sie wird die Zukunftswelt eine *terra incognita* bleiben, weil Hoffnung und Phantasie, Energie und Mut, Orientierung und Ziel für die lange Reise in eine unbekannte Zukunft fehlen. Visionäre bauen die Zukunft. Handwerker behausen sie und Unternehmer machen sie. De Grey ist visionärer Unternehmer, ganz im Sinne des jungen Schumpeter.[14] Für beide spielen nanotechnologische Erkenntnisse eine Schlüsselrolle. Sie gehören zu einer kleinen Gruppe von Wissenschaftlern, die es für möglich halten, den natürlichen Tod des Menschen abzuschaffen. Gegen diese Sichtweise lässt sich und wird auch viel ins Feld geführt.[15] Nanoforscher wie Richard Smalley bezweifeln, ob die Visio-

---

[13] In der deutschen Presse ist De Grey noch fast ein Unbekannter. Der Spiegel hat das Eis gebrochen (Bredow 2005), vorher bereits eine kürzere Notiz in der FAZ (Thomas 2005). Man kann nun erwarten, dass andere Medien nachziehen und allmählich auch die Ethiker auf den Plan rufen. Alle warten nun auf Frank Schirrmacher, zeigen doch De Grey und unser Beitrag eine Perspektive des Altwerdens auf, die Angst-, Komplott- und Krisenszenarien den Boden entzieht.

[14] Die neuen Kombinationen kann man immer haben, aber das Unentbehrliche und Entscheidende ist die Tat und Kraft zur Tat. Es ist jener Typus, der hedonisches Gleichgewicht verachtet und nicht ängstlich auf ein Risiko blickt" (Schumpeter 1912: 163).

[15] Auf die Argumente von Ethikern wie Habermas in Deutschland und Fukuyama (Ende der Geschichte; Zurückschrauben jeder Erwartung sozialen und biologischen Fortschritts) Leon Kass in den USA gehe ich an anderer Stelle ein. Ein Dauerskeptiker ist der Altersforscher Jay Olshansky. Er hält die Visionen von De Grey für zeitlich überzogen und nur in Grenzen umsetzbar. In einer Einlassung vom Dezember 04 skizziert er, was mit den Immortalisten bisher passiert ist: „Sie sind alle tot." Er betont, wie manche Ethiker, das was eintritt, wenn Menschen älter werden: mehr Krankheiten, mehr geistige Erosion, usw. Man könnte aus ihren Einlassungen den Schluss ziehen: lasst die Alten doch sterben, anstelle ihr Leben mit allen medizinischen Tricks in die Länge zu ziehen. Von der wissenschaftlichen Qualität der Argumente abgesehen, weißt solches Denken, unternehmerisch betrachtet, die Züge einer sich selbsterfüllenden Prognose auf. Negativität tötet visionäres Denken (in einem Menschen selbst) und erschwert Investitionen in Wissenschaft und Wirtschaft, neue Erkenntnisse zu gewinnen und durchzusetzen. De Grey und andere erforschen neues Territorium, energetisiert von zukünftigen Chancen gesunden Lebens. Olshansky und konservative Ethik suchen und finden Probleme und irritieren mit Bedenken. Skepsis dominiert auch in der einzigen mir bekannt gewordenen Stimme aus Deutschland: „Inwieweit es [De Greys Programm] umsetzbar ist und dies wirklich zu einem Lebensalter von fünftausend Jahren führen würde, ist aber höchst zweifelhaft. Man muss kein Experte sein, um zu bemerken, dass zehn Jahre Forschung und eine Milliarde Dollar längst nicht ausreichen, um den Greys Verjüngungskur zu verwirklichen" (Thomas 2005). Es spricht der skeptisch-risikoaverse-naive Besserwisser. Um mit Laozi zu sprechen: „Verwalter des Todes". De Grey ist wissenschaftlicher Visionär. Auch mit 5000 minus einer Null kann er leben. Der umsetzungstechnische Kern ist trivialerweise die Kombination von Unternehmertum und Finanzkapital für die Exploration neu-radikaler Möglichkeiten. Nochmals Laozi (leicht verändert): „Eine Reise von 5000 Jahren beginnt mit dem ersten Schritt." Die wissenschaftliche Außenseiterposition von De Grey beginnt nach meiner Einschätzung Versuchen zu weichen, sich ernsthafter mit seinen Überlegungen auseinanderzusetzen. Gestandene Wissenschaftler riskieren viel – Reputation und Cash – wollten

nen von Eric Drexler und anderen „Futuristen" wissenschaftlich tragfähig und praxisfähig sind.[16] Neuroforscher schaffen zwar den freien Willen ab; die Veralterung und Seneszenz der Gehirne nehmen sie als Naturkonstante hin. [17]

Mediziner veredeln den Tod als Essenz der Menschlichkeit. So schreibt Sherwin Nuland, Chirurg und Bioethiker an der Yale University, der sich kritisch-polemisch mit De Grey auseinandersetzt:

"I should declare here that I have no desire to live beyond the life span that nature has granted to our species. For reasons that are pragmatic, scientific, demographic, economic, political, social, emotional, and secularly spiritual, I am committed to the notion that both individual fulfillment and the ecological balance of life on this planet are best served by **dying when our inherent biology decrees that we do**. I am equally committed to making that age as close to our biologically probable maximum of approximately 120 years as modern bio-medicine can achieve, and also to efforts at decreasing and compressing the years of morbidity and disabilities now attendant on extreme old age. But I cannot imagine that the consequences of doing a single thing beyond these efforts will be anything but baleful, not only for

---

sie einen Kollegen wie De Grey wissenschaftlich ernster nehmen, um im Nachhinein als Blamierte dazustehen, sollten sich dessen Visionen als Träumereien und Scharlatanerie herausstellen.

[16] Kurzweil (2003) nimmt im Streit der beiden Nanogiganten die Seite von Drexler ein: „Smalley's position, which denies both the promise and the peril of molecular assembly, will ultimately backfire und will fail to guide nanotechnology research in the needed constructive direction." Drexler ist in Fachkreisen „ruiniert", will Selin (2002) beobachtet haben. Gerade die visionären, weit in die Zukunft zielenden Perspektiven von Drexler, schaffen andererseits Hoffnungen und Erwartungen, welche die Öffentlichkeit mobilisieren und es Regierungen erlauben, Forschungsgelder in beträchtlichem Umfang für die Nanotechnologie bereitzustellen und Programme wie die amerikanische *National Nanotech Initiative* ins Leben zu rufen. Vergleichbares beobachten wir in der Stammzellenforschung (siehe spätere Anmerkung).

[17] „Man altert seinem genetischen Programm folgend. Reparaturvorgänge […] kommen zum Stillstand. Die Evolution hat offenbar keine Mechanismen eingebaut, die uns Ewigkeit sichern. […] die Lebensspanne nachhaltig zu verlängern hätte doch katastrophale Folgen für die Demographie und für die noch nicht Geborenen" (Singer, 2004 S. 41). Die Fachwissenschaftler mögen das anders sehen: Nach meinem Stand der Kenntnis können diese Aussagen als falsifiziert gelten. Reparaturvorgänge lassen sich erhalten und neubeleben. So ist Alzheimer für diejenigen kein Schicksal, die sich bestimmte Ernährungsgewohnheiten aneignen (Warner, 2004). De Grey hätte für solche Überlegungen („Ende der Reparatur") wohl nur Sarkasmus übrig. Und Kurzweil würde Singer zu seinem 80. Geburtstag eine Reparaturanleitung für sein Gehirn schenken, die es diesem gestatten würde, seine Gehirnleistung um den Faktor eine Million zu steigern. Die Kurzweilintervention liegt noch Jahre in der Zukunft. Was tut der, der nicht warten kann. Er geht über das, was Kurzweil die „erste Brücke" nennt (siehe unten) und macht das, was er heute schon tun kann. So hat der Neurowissenschaftler Mark P. Mattson mehrere Artikel veröffentlicht, in denen er darlegt, wie eine kalorienreduzierte Diät (neben anderen Interventionsmöglichkeiten) die Gehirnleistung auch im Alter stabilisiert, sogar verbessert (Überblick bei Mattson et al. 2002).

each of us as an individual, but for every other living creature in our world. Another action I cannot imagine is enrolling myself – as De Grey has with – Alcor, the cryonics company that will, for a price, preserve a customer's brain or more until that hoped – for day when it can be brought back to some form of life (Nuland 2005).[18]"

Sollen wir sterben, wenn die uns „innewohnende Biologie" es befiehlt? Ist Sterben Natur und keine zu behandelnde Krankheit? War „unsere Biologie" nicht vollkommen zufrieden mit einer Lebenserwartung, die über den größten Teil der Menschheitsgeschichte keine dreißig Jahre ausmachte (Abbildung 7)?

Gegenargumente und Widerstand sind in diesem Beitrag nicht das Thema. An anderer Stelle (Röpke 2005) gehe ich darauf ausführlich ein. In den USA gibt es lebhafte Diskussionen. Eine von De Grey gegründete Zeitschrift (Rejuvenation Research[19]) widmet sich der Wissenschaft. Weblogs wie Fight Aging, Future Pundit, Better Humans, und andere fühlen den Puls der Debatten und Erkenntnisse. Der Autor erhält täglich an die 30 Emails über einschlägige Wissenschaft und Praxis. Die Diskussion läuft mit einer für deutsche Verhältnisse ungewöhnlichen Intensität. Kalifornien rebelliert gegen die Bush-Administration und die ethischen Mandarine des Council of Bioethics[20] und setzt eine Proposition 71 (ein Großexperiment in schumpeterscher Ökonomie[21]) in die Welt, in der expli-

---

[18] Im Forum von *Technology Review* sind Stellungnahmen, überwiegend kritische, zum Beitrag von Nuland abgedruckt http://www.technologyreview.com/forums/forum.asp?forumid=1002).

[19] http://www.gen.cam.ac.uk/sens/RejRes.htm

[20] Die zentrale Steuerung von Innovationsprozessen durch die *Administration* von Bush (in Europa spielt sich Vergleichbares ab), findet ihr klassisches Vorbild im kaiserlichen China. Der Kaiser verbietet für seine Untertanen die Teilhabe an Basisinnovationen. Ergebnis: Abkopplung von der Industriellen Revolution in Europa und 700 Jahre Armut und Stagnation. Im dezentral-zersplitterten Europa verfügt kein Herrscher über Innovationsallmacht. Wer blockiert verliert Forscher, Unternehmer, Wohlstand und riskiert seine Macht. Folge: die schrittweise Entfaltung von innovationsförderlichen Institutionen und Property Rights. Vergangenheit. China hat gelernt, der ganze Süden (Indien) und Osten Asiens. Ich vermute deswegen auch, dass sich die Immortalitätsrevolution in Ostasien entfaltet.

[21] Schumpeter (1912) postuliert die Kreditfinanzierung der radikalen Innovation und die Übernahme des Risikos durch den „Kapitalisten" (Finanzier). Beides verwirklicht sich in Proposition 71. Markt und Staat koppeln sich strukturell in der Frühphasenfinanzierung der Neukombination; der Staat (als der das Risiko tragende Kapitalist) wird Teilhaber im Innovationssystem, wiederum eine Kopplung zwischen Wirtschaft und Wissenschaft. Wer bringt so etwas auf den Weg? „Proposition 71" wurde von Gouverneur Arnold Schwarzenegger unterstützt. Zahlreiche Nobelpreisträger, Microsoft-Gründer Bill Gates und der an Parkinson erkrankte Schauspieler Michael J. Fox setzten sich für die Initiative ein. Der Schauspieler Christopher Reeve hatte kurz vor seinem Tod einen Werbespot aufgezeichnet, in dem er sich für die staatliche Förderung der Stammzellenforschung ausspricht. Neben Kranken und Lebensverlängerern sind treibende Elemente die Wissenschaft und Biotechunternehmen. Die Schumpeterlogik zeigt sich nicht nur im Finanzierungsmodus. Erstaunlich ist das „scharen-

zit lebensverlängernde Medizin (Stammzellenforschung) legitimiert und großzü-

weise Auftreten" von Innovatoren/Imitatoren. Nach Kalifornien beginnen USA-weit zahlreiche Initiativen mit vergleichbaren Zielsetzungen (Ackerman 2004, gibt einen Überblick zum Stand Anfang Dezember 2004, einen Monat nach der Annahme des Volksentscheids). Connecticut ist in die Förderung eingestiegen, Massachusetts hat die gesetzlichen Grundlagen gelegt. Mithalten mit Kalifornien: […] lawmakers have said they want to keep Massachusetts competitive with California, where voters last year approved a $3 billion, 10-year bond issue to lure stem cell researchers. Last week, the Connecticut state Senate approved a $100 million, 10-year investment in stem cell research that has broad support in the Connecticut House, which debated the measure yesterday, and governor's office"(Lewis 2005). Zurückweisung von Mandarinismus, die zentrale, wie immer begründete Regelung des Innovationsgeschehens. Kanzler Gerhard Schröder hat im Juni 2005 mehr Freiheit für deutsche Stammzellenforscher gefordert und einen Sturm der Entrüstung geerntet. Ironie, dass ein Sozialdemokrat von der Ethik der Frankfurter Schule erledigt wird. Kaum gesagt (Spiegel online, 14.06.05: „Schröder fordert Forschung ohne Fesseln): „Empörung" (Ebenda, 14.06.05 „Schröders Stammzellen-Vorstoß löst Empörung aus"). „Absurd" (Maria Böhmer, CDU)." – „Das Klonen von menschlichen Embryonen, egal zu welchem Zweck, sollte[…] weiter *mit allen Kräften* bekämpft werden." (Peter Liese, FAZ, 16.06.05). Aufkündigung „der ethischen Grundlegung der Bundesrepublik, die die Verzweckung von Menschenleben verbietet" (Kommentar, FAZ, 15.06.05). Es zeigt sich im Übrigen, dieser Hinweis sei dem Autor erlaubt, eine Parallelität zwischen Adoption von Stammzellenprogrammen und der Spaltung der amerikanischen Nation in zwei religiös-politische Lager. Die „Bush"-Staaten verweigern sich bzw. hatten sich bereits früh in Gesetzen auf ein Verbot therapeutischen Klonens festgelegt. Eine zweite Anmerkung: Die Beobachtung der vielfältigen US-Initiativen, finanziert aus staatlichen und privaten Quellen, in Verbindung mit dem massiven, vom Staat geförderten Forschungs- und Entwicklungsvorhaben in Ostasien, lässt im Augenblick eigentlich nur die Schlussfolgerung zu, dass die deutsche Forschungslandschaft auf diesem Feld verwüstet ist. Wir können eigentlich nur noch hoffen, dass die Pionierarbeiten der anderen sich als Fehlschlag herausstellen und damit die Anwendung des ethischen und biopolitischen Vorsichtsmotivs sich am Ende als die vorteilhaftere Entscheidung und ex post „weisere" herausstellt. Ob die Initiative „erfolgreich" in der schumpeterschen Logik sein wird, ist für mich eine offene Frage. Jede Innovation provoziert Widerstand. Kalifornien macht keine Ausnahme. Gegner der Stammzellenforschung bemühen den Aktionsparamter Recht und Gesetz, um die Initiative zu blockieren. Die Mischung von Geld, Innovation und Forschung macht suspekt. Die Öffentlichkeit erwartet Transparenz der Entscheidungsprozesse. Auch in den USA verlassen Wagniskapitalisten Universitätspartnerschaften, wenn sie ihre Informationsbasis für Investitionsentscheidungen offenlegen müssen. Dennoch äußerte das zuständige Allokationsgremien im Januar 2005, die ersten Forschungszuschüsse (grants) bereits im Mai 2005 zuteilen zu wollen (Technology Review.com, 07.01.05). Im Mai 2005 erhält San Francisco den Zuschlag für den Sitz des *California Institute for Regenerative Medicine* (zuständig für die Abwicklung des Programms), gegen starke Konkurrenz anderer kalifornischer Städte. Bemerkenswert auch hier das örtliche unternehmerische Engagement, um das Institute nach San Francisco zu holen. Investitionen, Grundstück, laufende Kosten, alles von „donors" finanziert (Lagos 2005). Der Widerstand gegen die Umsetzung des Programms bleibt beträchtlich (Hall 2005), was die Funktion Schumpeterschen Unternehmertums (Durchsetzung von Neukombinationen gegen Widerstand) zu illustrieren vermag, allerdings auch, zynisch betrachtet, ein Beleg für das indonesische Sprichwort herhalten könnte: „Gibt es Zucker, gibt es Ameisen" (Ada gula, ada semut). Die Geschehnisse um Prop 71 lassen sich tagesaktuell beobachten bei http://californiastemcellreport.blogspot.com/.

gig (300 Mio.$ pro Jahr, für 10 Jahre, via Kreditaufnahme des Staates) finanziert wird. Andere Staaten (Massachusetts, New Jersey, Wisconsin) schließen sich an. All dies ist intellektuell gespeist durch Überlegungen, die ich unten skizziere.

Mit dem der Physik entlehnten Konzept der Fluchtgeschwindigkeit beschreibt DeGrey seine Vision der Lebensverlängerung. Einfach gesagt beschreibt der Begriff der "Escape Velocity" die Geschwindigkeit, die dazu nötig ist, damit ein Gegenstand die Erdumlaufbahn verlassen kann. Fluchtgeschwindigkeit ist die Geschwindigkeit mit der ein „Körper" – ein menschlicher, ein Raumschiff, eine Kanonenkugel – die Anziehungskraft eines anderen Körpers (der Erde) überwindet.

Komplizierter[22]: Wenn wir ein Objekt in die Luft werfen, fliegt es zunächst nach oben, bis die Anziehungskraft der Erde den Anstieg abbremst, zum Stillstand bringt und das Objekt zur Erde zurückkehren lässt. „What goes up must always come down". Die Anziehungskraft ist der Tod bzw. die ihn bewirkenden Prozesse. Die Anziehungskraft der Erde geht allerdings mit der Entfernung vom Erdzentrum zurück. An diesem Punkt setzt De Grey an. Werfen wir ein Objekt (den menschlichen Körper) mit genügend Energie und damit Geschwindigkeit nach oben. Je kräftiger wir es den Raum werfen, desto mehr kann es die Anziehungskraft der Erde (den Alternsprozess) überwinden. Obwohl seine Fluchtgeschwindigkeit wegen der Anziehungskraft zurückgeht, könnte sie groß genug bleiben um die Anziehungskraft der Erde auf Dauer zu überwinden. Chinesisch-daoistisch gesprochen: die Lebensenergie (die das Leben erhaltenden Kraft) ist größer als die Todesenergie (die zum Tod führenden Kräfte). Dies entspricht einem Zustand „ewigen Lebens". „What goes up must *not* necessarily come down". Die Anfangsgeschwindigkeit, die notwendig ist, diese Situation zu erreichen, wird *escape velocity* genannt. Sie ist definiert als die minimale Geschwindigkeit, die ein Objekt haben muss um der Anziehungskraft der Erde zu entgehen, das heißt der Erde zu entfliehen, ohne sich ihr jemals wieder anzunähern.

In der nebenstehenden Abbildung sind solche Konstellationen eingefügt. Die Zahlen umschreiben plausible Alter von Menschen auf verschiedenen „Flugbahnen" des Lebens, gerechnet von dem Zeitpunkt an, in dem Verjüngungstherapien der ersten Generation (dazu mehr unten) zur Anwendung kommen. Wer jetzt 100 ist, kann nicht mehr viel erhoffen. Seine Lebenskurve stürzt auf die Zeitachse (time) ab. Ein 80-Jähriger ist etwas besser dran. Für einen Fünfzigjährigen bewegt sich die Lebenskurve auf den Todesfall zu, er kann (Abbildung 2) aber von unten noch einmal durchstarten. „Ich glaube, der erste Mensch der 1000 Jahre alt werden könnte, könnte heute bereits 60 sein" (De Grey 2004b).

---

[22] Zu einer verständlichen Erklärung der Theorie des Alterns von Aubrey De Grey siehe De Grey (2003).

Wer dreißig ist, oder noch jünger, kann der Anziehungskraft des Todes dauerhaft entkommen. Der noch nicht Geborene („0") darf sich auf ein ewiges Leben freuen oder mit Leon Kass ärgern. Er wird geboren auf einem Schleudersitz in eine andere Welt – eine Welt ohne natürlichen Tod.

Je biologisch und chronologisch älter *heute* ein Mensch ist, desto aufwendigere Interventionen in die komplexe Maschinerie seines Körpers wären notwendig, den Alterungsprozess zu verlangsamen, aufzuhalten oder gar eine Verjüngung zu bewirken. Und je länger müsste er warten, bis diese radikalen Neuerungen verfügbar wären.

Um Missverständnissen vorzubeugen: Wenn De Grey und andere von Verlängerung der Lebensspanne sprechen, meinen sie immer eine gesunde Spanne. Die Verlängerung des Lebens wird nicht erkauft durch Demenz, Siechtum, Perpetuierung von Alternskrankheiten, Altersschwäche, Abhängigkeit. „Sie würden jung bleiben, physisch und geistig, bis zu dem Tag, in dem sie die Geschwindigkeit eines entgegenkommenden Lastwagens falsch einschätzen" (De Grey 2004b).

Auf die später darzustellende Innovationslogik übertragen bedeutet:

*Fluchtgeschwindigkeit* $\Rightarrow$ *Innovationskraft eines Systems*

De Greys Strategie für das Erreichen der kritischen Fluchtgeschwindigkeit nennt er *SENS* (Strategies for Engineered Negligible Senescence). Auf seiner Website[23] informiert er ausführlich, was SENS ist und was wie zu tun ist, um SENS zu verwirklichen.

---

[23] http://www.gen.cam.ac.uk/sens/index.html.

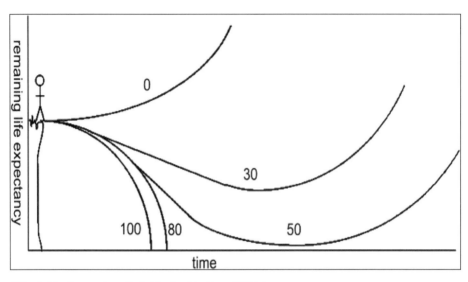

Abb. 2: Flucht vor dem Tod; Quelle: De Grey (2004a)

Ein anderes Bild: Ein Mensch steht an einer Klippe. Er springt hinunter. Er springt in den Tod. Oder nicht? Was könnte verhindern, dass sein Sprung (sein Leben) nicht im Tod endet? Er muss etwas mobilisieren, was der Anziehungskraft (der Schwerkraft) des Todes, dem entropischen Zwang zur Unordnung, entgegenwirkt. Dieses „Etwas" ist es, was sein Leben erhält. Wenn dieses Etwas genügend stark ist, vermag es der Schwerkraft, der Anziehungskraft der biologischen Gene und moralischen Meme entgegenzuwirken. Die Negentropie des Lebens. Der Kraft der Autopoiese. Der Mensch zündet eine neue Stufe seiner Lebensrakete (wir unterscheiden unten drei Stufen, deren letzte die nanotechnologische ist). Der Mensch springt – und schwebt durch das Leben, solange es ihm gelingt, die Lebenskraft (chinesisch Qi) in sich zu erhalten. Wenn es gelänge, erfolgreiche Methoden der Lebensverlängerung schneller zu entwickeln als wir alt werden, könnten wir das Leben, gäbe es nicht Mord, Selbstmord, Unfälle und Krieg, unendlich verlängern. Biologisch-medizinische Innovationen erlauben es, das Leben im gleichen Ausmaß zu verlängern, wie wir altern.

De Grey hat einen Methusalem-Preis ins Leben gerufen. Er wird an Forscher vergeben, denen es gelingt, ein Mausleben im größten Ausmaß (im Vergleich zu anderen Forschern) zu verlängern (Preis für die Lebensverlängerung) oder jede Maus in einer Population von mindestens 20 Mäusen zu verjüngen (Verjüngungspreis). Der erste Preisträger war eine Forschergruppe um Stephen Spindler

(University of Wisconsin).[24] Ihnen gelingt erstmalig, eine Maus durch Kalorienreduktion zu verjüngen, ihr biologisches Alter also zu verringern (Dhabbi et al. 2004).

## Drei Meilensteine[25]

**Meilenstein 1:** Eine (beinahe) unsterbliche Maus

In 10 Jahren, längstens in 20, verfügen wir über das Wissen, die Lebenserwartung von Mäusen zu verdreifachen – ein „Maus"-Mensch wäre dann 200 Jahre alt. Diesen Meilenstein zu erreichen ist der Schlüssel für ein unbeschränktes Leben der Menschen. Was wir von Mäusen lernen – (Warum-)Wissen, Interventionstechnologien (Wie-Wissen) – können wir auf Menschen übertragen. Die Kenntnis des Warum und Wie des Mäusealterns löst eine soziale und politische Umwälzung aus. Die freie Wahl von Tod und Leben erweckt neue Phantasien und schafft Visionen in Menschen. Die Änderung des Lebensstils und der Zukunftserwartungen muss nicht auf die Ankunft der Lebensverlängerung der Menschen warten. Sie beginnt sowie Menschen eine dramatische Ausweitung ihrer Lebensspanne antizipieren können. Die Maus als Pionier ewigen Lebens.

Chinesen errichten bereits heute ein Denkmal für die Maus. Stalin out – mouse in. Die Maus als Pionier ewigen Lebens.[26]

**Meilenstein 2:** Kontrolle menschlichen Alterns proportional dem Mausaltern

Wenn der Meilenstein Maus erreicht ist, vielleicht in 15 Jahren, aber längstens in 100 Jahren, immer ausreichende Finanzierung vorausgesetzt, dann ist die entscheidende Technologie in dieser Phase eine extrem sichere und wirksame Gentherapie: Einpflanzen neuer Gene in Chromosomen und/oder der Austausch von Genen (gene targeting).

Die Finanzierungsfrage hat es in sich. Öffentliche Forschungsgelder für Vorhaben wie die von De Grey sind faktisch nicht verfügbar. Die Gründe dafür sind bekannt und von De Grey selbst und von Michael Ray (2005) ausführlich dargelegt. Auch Einstein oder Darwin wurden von ihren allokationszuständigen Kollegen in den Entscheidungsgremien ausgesondert. Deswegen setzt De Grey nicht auf Menschen, sondern Mäuse (welche, Stand Juni 2005, 1,3 Millionen Dollar akkumuliert haben). Erst der Druck der Öffentlichkeit, nicht Einsicht der para-

---

[24] Die Preisverleihung erfolgte auf der Gerontology Society of America Confernce am 21. November 2004; zum Hintergrund vgl. Future Pundit, 23.11.04 (http://www.futurepundit.com/).

[25] Die Ausführungen zu den Meilensteinen sind meine Interpretation von De Grey (o.J.b).

[26] „China errichtet Ratten-Denkmal", Spiegel Online, 08.12.04: http://www.spiegel.de/panorama/0,1518,druck-331530,00.html.

digmaverliebten Wissenschaft oder expertenabhängigen Politik machen Forschungsgelder frei. Das radikal Neue ist ein Bruch mit dem Alten. Diesen fördern nicht diejenigen, die ihre Reputation und Ressourcen dem Alten verdanken. Das gilt für Wissenschaft wie Wirtschaft. Auch Leute die Geld haben, wie Bill Gates, sind auf die wissenschaftliche Expertise von Experten angewiesen, die dem disruptiven Neuen wenig abgewinnen können.[27]

**Meilenstein 3**: Unbeschränkte Lebensdauer

Dieser Meilenstein verursacht das meiste Kopfschütteln – aus am wenigsten überzeugenden Gründen. Wenn der zweite Meilenstein erreicht ist, ließe sich das durchschnittliche Todesalter von Menschen aus reichen Ländern auf über 5000 Jahre steigern. Menschen mit Zugang zu wirksamen Therapien gegen die Krankheit des Alterns haben ein absolutes, sich pro Zeiteinheit nicht erhöhendes Risiko des Todes. Warum? Wir können in dieser Phase Erscheinungen des Alterns schneller erkennen, charakterisieren und lösen, bevor die Menschen in eine das Leben bedrohende Situation geraten. Heute verfügen wir selbstverständlich nicht über das Wissen, was zu tun ist, um zweihundert Jahre alte Menschen gesund zu erhalten. Dieses Wissen brauchen wir heute auch nicht, sondern erst in 100 Jahren. Der entscheidende Punkt ist, dass wir das Wissen und Können in der Zeitspanne erwerben, bis Menschen dieses Alter erreichen. Und dafür haben wir noch hundert Jahre Zeit.

Warum erreichen wir kein unbeschränktes Alter, auch wenn wir, biologisch betrachtet, den Alterungsprozess durch Steigerung unserer Fluchtgeschwindigkeit unter medizinischer Kontrolle haben? Die Antwort liegt im nicht-biologischen Risiko des Todes. Es bedeutet für einen *heute* lebenden jungen Menschen, dass er im Durchschnitt rund 1000 Jahre leben könnte. Andererseits steigt die Risikoaversion beträchtlich an, sollten Menschen erkennen, dass sie über eine biologisch unbeschränkte Lebensspanne verfügen. Dies dürfte zu einem Sinken der nicht-biologisch bedingten Todeswahrscheinlichkeit führen und die Zeitpräferenzrate tendenziell auf Null senken. Auch dies wird dramatische Auswirkungen auf die Gestaltung von Handlungsrechten (property rights) und ethischen Beschränkungen menschlichen Handelns haben.

Die visionäre Kühnheit (Verrücktheit? Absurdität?) von De Greys Überlegungen, sein Herausspringen aus der Prognostik der normalen Wissenschaft, zeigt folgende Abbildung.[28]

---

[27] Wie und für was Bill Gates mit seiner Stiftung Geld ausgibt, mancher mag sagen, verschwendet, berichtet der Economist (2005).

[28] Nulands Beitrag in der Technology Review hat eine anhaltende Diskussion über De Greys Thesen ausgelöst. Diese Diskussion zu referieren, wäre ein Thema für sich. Warum kein Journalist in Deutschland sich dieser Sache angenommen hat, ist für mich rätselhaft. Nach

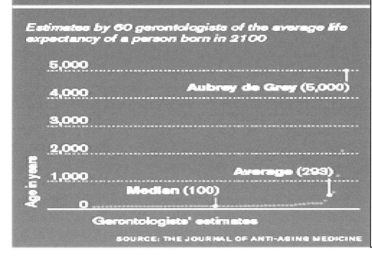

| Living after 2100 | Leben nach 2100 |
|---|---|

Abb. 3: Die visionäre Kühnheit; Quelle: Nuland (2005; Text von mir ergänzt)

Nulands Artikel über De Grey wurde Technology Review mit Beiträgen seiner Leser überhäuft, überwiegend kritisch. Herausgeber Jason Pontin, der De Grey in einem Begleitkommentar zu Nuland als Illusionisten abtut, versuchte darauf hin, einen renommierten Akademiker aufzutun, um sich kritisch mit De Greys Thesen auseinanderzusetzen (siehe auch die laufende Kommentierung in Fight Aging, zum Ergebnis – Stand Mai 2005 – der nachfolgende Text): Cynthia Kenyon Declines; Posted by Jason Pontin at May 23, 2005 01:57 AM in. Cynthia Kenyon, a biogerontologist at UCSF [University of California San Francisco], has declined to review Aubrey De Grey's Strategies for Engineered Negligible Senescence (SENS). De Grey, a computer scientist and theoretical biologist at the University of Cambridge, believes he can defeat human aging within the lifetime of those now living. I asked Dr. Kenyon if she would comment on De Grey's prescriptions almost three months ago; she agreed; and I announced her „By Invitation" column on this blog last week, asking readers what issues they would like her to address. But after a great deal of work, Dr. Kenyon very graciously told me she simply felt she couldn't do an "effective" job. I remain committed to finding a biologist who will criticize SENS: after Technology Review's profile of De Grey, Do You Want to Live Forever?, many of his admirers challenged me to have a working scientist say why De Grey's ideas were impractical – if they were impractical. So far, I have been unable to find one biogerontologist who felt comfortable writing about SENS – which is telling perhaps. But I shan't give up yet
http://pontin.trblogs.com/archives/2005/05/cynthia_kenyon_1.html..

Berichte über De Grey (Nuland 2005) zeigen seinen missionarischen Eifer und seine unternehmerische Energie im Durchsetzen seiner Vision – auch wenn seine Ziele von anderen geteilt werden, etwa Transhumanisten, und auf eine lange philosophische und ethische Tradition zurückgreifen können, etwa im chinesischen Daoismus.

Die ethische Begründung für seine Vorschläge mag manchem Profi-Ethiker schlicht erscheinen, sie zeigt aber, dass De Grey darüber reflektiert.

Der Grund, dass wir einen Imperativ, eine Pflicht haben, diese Therapien so früh wie möglich zu entwickeln, besteht darin, zukünftigen Generationen eine Wahl zu geben. Menschen haben ein Recht, solange zu leben wie sie können; Menschen haben die Pflicht, anderen Menschen die Möglichkeit zu geben, solange zu leben wie sie wollen. Ich glaube, dass dies nichts weiter als eine Fortführung der Pflicht ist, anderen beizustehen (duty-of-care-concept). Menschen sind berechtigt die Erwartung zu haben, so behandelt zu werden wie sie sich selbst behandeln.

Dies folgt unmittelbar und unumstößlich aus der Goldenen Regel. Wenn wir zögern und zaudern das Leben verlängernde Therapien zu entwickeln, wird es notwendig einen Altersjahrgang von Menschen geben, denen wir die Option verwehren sehr viel länger zu leben als wir. Wir haben die Pflicht Menschen diese Möglichkeit nicht vorzuenthalten. Das Recht zu leben ist das wichtigste aller Rechte (De Grey im Gespräch mit Nuland, 2005).

# 3 Kurzweil: Live long enough to live forever

Bis Bio- und Nanotechnologie lebensverlängernd auch für Menschen greifen, kann es Jahrzehnte dauern. Wie überbrücken wir diesen Zeitraum? Wie erhalten wir uns so lange am Leben, und möglichst gesund, bis die medizinischen Innovationen der Lebensverlängerung verfügbar sind? Kurzweil schlägt ein Drei-Brücken-Modell vor.[29] In seiner Logik argumentiert er ganz ähnlich wie De Grey. „Leben um für immer zu leben" – gleichzeitig der Titel seines Buches (Living to live forever, 2004). Mit der folgenden Abbildung (Drei Brücken zur Überwindung des natürlichen Todes) versuche ich, seine Überlegungen zu illustrieren.

---

[29] Ein Kurzporträt von Kurzweil: http://www.kurzweiltech.com/aboutray.html.

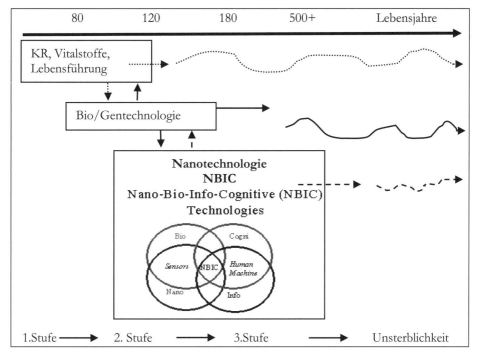

Abb. 4: Drei Säulen-Modell; KR= Kalorienreduktion (Rae 2004). NBIC = Nano, Bio, Info, Cogno

## Die Immortalitätsrevolution als Entdeckungsverfahren: eine Brücke zu einer Brücke zu einer Brücke [30]

Den Prozess des Alterns verlangsamen und Krankheiten heilen. In diese Ebene des Lernens kann jeder Mensch bereits heute eintreten. Jeder kann die Biochemie seines Alterns reprogrammieren. Dies ist Gegenwart und die Brücke zur Zukunft. Die Brücke muss sich jeder selbst bauen. Und wahrscheinlich auch mehrmals. Es gibt viele Ratschläge, *wie* man ein guter Baumeister wird. Jeder hat seinen Weg zu entdecken. Beispielsweise nimmt Ray Kurzweil jeden Tag 250 Supplements (Vitalstoffe) und genehmigt sich jede Woche eine intravenöse Therapie. Ein Test im Alter 40 schätzt ihn auf 38 Jahre. Nunmehr (2004) 16 Jahre

---

[30] Ich würde es vorziehen von Stufen oder Ebenen anstelle von Brücken zu sprechen. Dies würde die konzeptionell wichtige Verknüpfung der einzelnen Stufen (Brücken) in Form einer Hierarchie oder Holarchie (Koestler, Wilber) ermöglichen. Eine holarchische Betrachtung eröffnet neuartige Interpretationsmöglichkeiten, denen ich hier jedoch nicht nachgehe. Zum Verständnis wichtig scheint mir lediglich zu sein, dass die jeweils „tiefere" und zeitlich entfernte Ebene die jeweils „höhere" oder zeitlich nähere Ebene einschließt. Durch die tiefere Ebene werden somit nicht Verfahren und Einsichten der früheren Ebene und Praxis aufgehoben, vielmehr in die später emergierende („tiefere") integriert.

älter, weisen ihn die Biomarker als 40 aus. Zwischen 38 und 56 ist er biologisch kaum gealtert, behauptet Kurzweil (2004). Ob Kurzweil KR praktiziert (KR als das einzige heute verfügbare und wissenschaftliche gesicherte Verfahren der Lebensverlängerung: Hulbert 2005; LaFee 2004; Rae 2004[31]; jeder Tag ohne KR heißt „normales" Altern, mit KR reduziertes oder aufgeschobenes), weiß ich nicht. Er bewegt sich viel, aber nicht übermäßig. Im Übrigen will er soviel Geld verdienen, dass er sich die Bio-Nano-Innovationen, wenn sie kommen (Brücke 2 und 3), leisten kann.

Aubrey De Grey weigert sich über die erste Brücke zu gehen. Er hält nichts von all dem, was Kurzweil und andere tun, um dorthin zu kommen, wo De Grey erst in die Lebensverlängerung einsteigen will: Brücke 2 und 3. De Grey hat eine Theorie, nach der KR nichts bringt, 2-3 Jahre (De Grey, o.J.). Er glaubt an sie. Warum wegen drei Jahren auf soviel verzichten? Er ist wie ein Junkie und trinkt, wie es unter jungen Menschen in Cambridge üblich zu sein scheint: jede Menge Bier. Seine theoretischen Konstruktionen zum Zusammenhang zwischen Kalorien und Lebenstüchtigkeit sind ernsthaften empirischen Zweifeln ausgesetzt. Es interessiert ihn nicht. Obwohl er Popper (Falsifikation!) hochschätzt, und seinen Kollegen vorhält, an ihren Überlegungen festzuhalten, obwohl sie längst widerlegt sind oder sich um Falsifikation überhaupt nicht zu kümmern (De Grey 2000). Schöpferische Wissenschaftler haben ihre eigene Rationalität, wie Unternehmer (Schumpeter: Die Rationalität des Unternehmers ist eine andere als die des „Wirts").

Wer nicht über die erste Brücke geht, kommt, wenn er heute lebte, nicht auf die zweite Brücke. Reicht die Einnahme von Vitalstoffen aus? Meiner Meinung nach nicht. Über die erste Brücke kommen nur Menschen, die sich *selbst* evolutionieren, körperlich, geistig, seelisch, emotional. Für die meisten Menschen ist die Praxis von KR eine integrale Überforderung. Selbstdisziplin wird zur Schlüsselkompetenz.

Wer über die erste Brücke gegangen ist, trifft auf eine zweite: biotechnologische Interventionen. Die Reprogrammierung der biologischen Prozesse des Alterns. Das Wissen hierfür ist rudimentär verfügbar. In zehn bis zwanzig Jahren könnten das *biotechnologische* Wissen und Können für radikale Interventionen entdeckt sein.

Zur zweiten Stufe schreiben Kurzweil und Grossman (2004):

---

[31] Wer sich nicht mit dem wissenschaftlichen Fachchinesisch herumschlagen möchte, ist mit dem Beitrag von Scott La Fee (2004) gut bedient. Ein exzellenter Überblick über den wissenschaftlichen Stand in einfachem Englisch, zu dem frei von Fehlinterpretationen und Werturteilen.

"We are in the early stages of multiple profound revolutions spawned by the intersection of biology, information science, and nanotechnology. With the decoding of the genome and our efforts to decode its expression in proteins, many new and powerful methodologies are emerging. These include rational drug design (drugs designed for very precise missions with little or no side effects), tissue engineering (regrowing our cells, tissues, and organs), reversal of aging processes, gene therapy (essentially reprogramming our genetic code), nanobots (robots the size of blood cells built from molecules placed in our bodies and bloodstreams to enhance every aspect of our lives), and many others. Some of these transformations will bear fruit before the ink is dry from printing this book."

Biotechnologie führt zur dritten Brücke: *Nanotechnologie*. Nunmehr wird die Biologie selbst repariert und verbessert. Die physischen und mentalen Fähigkeiten der Menschen werden nanotechnologisch ausgeweitet, um das Hundertfache, Tausendfache, vielleicht Millionenfache. Nanoroboter ermöglichen eine radikale Lebensverlängerung. In drei bis vier Jahrzehnten könnte der nicht-biologische Teil unserer Intelligenz die dominierende Rolle spielen.

Prophetie? Kurzweil steht mit seinen Vermutungen nicht allein.

Der Nanomediziner Robert Freitas (2004) gibt Einblick in seine Arbeit:

"Current nanomedicine focuses on targeted nanoparticles and self-assembled nanostructures. In 10-20 years, the methods of massively-parallel molecular manufacturing will allow the construction of complex diamondoid medical nanorobots. These nanorobots will be used to maintain tissue oxygenation in the absence of respiration, repair and recondition the human vascular tree eliminating heart disease and stroke damage, and instantly staunch bleeding after traumatic injury. Other medical nanorobots will eliminate microbial infections and cancer, and even replace chromosomes in individual cells thus reversing the effects of genetic disease and other accumulated damage to our genes (Freitas 2004)."

De Grey betrachtet gleichfalls Nanotechnologie als unverzichtbar für ernsthafte Umsetzung von Visionen der Lebensverlängerung – wenn wir erst einmal 200 Jahre alt oder älter sind, kommt die Stunde nanotechnolischer Innovationen:

"Nanotechnology is unlikely, in my view, to be sufficiently mature to contribute appreciably to the very first rejuvenation therapies, because purely biotechnological solutions to the major types of age-related damage are well advanced and will reach the clinic before nanotechnology can catch up. However, nanotechnology seems likely to play a major role in the more sophisticated interventions that will be required to maintain youthfulness once life spans on the order of two or three times natural ones are achieved. Repair of nuclear mutations, cleavage of protein/protein cross links and destruction of aggregated intracellular material are three major categories of therapy that can be achieved to a large extent by foreseeable biotechnology but may well only be comprehensively implemented using non-biological tools, within which nanotechnology is likely to play a central role (De Grey 2005b)."

Nanotechnologie prägt die Medizintechnologie der Zukunft (Rawstern 2003); allerdings nicht als isoliertes Technologiefeld, vielmehr im Verbund mit anderen Technologien. Die Anschlussfähigkeit von Nano lässt hochentwickelte und integral-therapeutische Innovationen entstehen.

"[…] biotech is Bridge Two, which, in turn, will allow you to reap the benefits of the nanotechnology-AI (artificial intelligence) revolution – Bridge Three – which does have the potential to allow you to live indefinitely. With nanotechnology, we can go beyond the limits of biology, and replace your current "human body version 1.0" with a dramatically upgraded version 2.0, providing radical life extension.

As we peer a couple of decades into the future, nanotechnology will enable us to rebuild and extend our bodies and brains and create virtually any product from mere information and inexpensive raw materials, resulting in remarkable gains in prosperity. We will develop means to vastly expand our physical and mental capabilities by directly interfacing our biological systems with human-created technology (Kurzweil / Grossman 2004)."

Was nützen Arzneimittel und medizinische Interventionen, wenn sich die zugrunde liegenden Krankheitsbilder – wie heute die Regel – erst relativ spät erkennen lassen? Überspitzt formuliert: Die Diagnose operiert im Mittelalter, die Therapie mit medizinischer Hightech.

Leroy Hood vom *Institute for Systems Biology* (Seattle, USA) war maßgeblich bei der Entwicklung computergestützter Analyseverfahren im Genbereich beteiligt. Heute stehen diese Maschinen in jedem Labor. Im Vergleich zu dem, was Nanotech ermöglicht, sagt Hood, ist das Steinzeit. Die medizinische Mess- und Diagnosefähigkeit steigt in den nächsten Jahren um „den Faktor von Millionen oder Milliarden" (Hood).[32] Krankheiten lassen sich mit Hilfe nanotechnologischer Messungen in sehr frühem Entwicklungsstadium erkennen. Tausende von Messungen und Diagnosen lassen sich billig, schnell, und nahezu von jedermann durch Minilabors (im Badezimmer, auf der Toilette, auf Reisen) vornehmen. Vorsorgetherapien wachsen in völlig neue Dimensionen. Statt Krebs oder Herzkrankheiten mit Riesenaufwand operativ zu behandeln, vermag der Mensch in einer frühen Phase gegen zu steuern, nicht zuletzt auch durch Umstellung seiner Lebensweise. Der Medizin steht ein Umbruch bevor: Von einer Reaktion auf Krankheiten zur Vorhersage von Krankheiten bevor die Krankheiten sich entfalten können, so dass Krankheiten sich verhindern lassen. Die Früherkennung

---

[32] Meine Ausführungen stützen sich auf Wong (2005) und Parker (2005a), die beide über einen Vortrag von Leroy Hood berichten. Zeitgleich zu Hood berichtet eine andere Quelle über Pläne von Solexa und Lynx (beide Firmen direkt oder indirekt mit Hood verbunden), die Kosten der Erstellung eines vollständigen menschlichen Genoms von gegenwärtig 15 Mio. $ auf 100,000 $ (2006) und 1000 $ (wenige Jahre später) zu senken („The future of DNA sequencing" Yahoo Finance, Message Boards: IDBE, message 96948, 4. Mai, 2005).

verringert den „Reparaturaufwand". Jahre bevor das Knie zu schmerzen beginnt, meldet uns die Nanodiagnostik Informationen – und wir senden Stammzellen in die betroffene Region unseres Körpers[33], lange bevor die Reparatur aufwendig und vielleicht sogar zu spät käme. Der Mensch lebt gesünder, länger und billiger.

Als akademischer Unternehmer (Mitgründer: Applied Biosystems, Lynx und andere Unternehmen[34]) versäumt Leroy Hood nicht den Hinweis auf das enorme Potential von neuen Unternehmen („spinoffs") im Bereich nanodiagnostischer Medizin. „Machen Sie von ihrer Vorstellungskraft Gebrauch und beginnen Sie über den Möglichkeitsraum nachzudenken, den Medizin transformieren wird. Glauben sie mir, Medizin wird zu einem Motor („driver"), so mächtig wie die Informationstechnologie." (Hood).

Wir sprechen unten, in der Logik von Schumpeter und Kondratieff, von der sechsten langen Welle einer Basisinnovation, getragen durch Bio- und Nanotechnologie (NBIC). Und der sechsten Welle folgen weitere.

Zum Zeitrahmen der kommerziellen Durchsetzung nano-medizinischer Innovationen:

„The conventional wisdom is that the futuristic-sounding plans laid out in works like Nanomedicine by Robert Freitas will become commercially available after dry nanotechnology is established. Twenty to thirty years seems reasonable, assuming that suitable funding is put into research between now and then (Fight Aging, 09.04.04, http://www.fightaging.org/archives/000078.php)."

Hood erwartet nanodiagnostische Durchbrüche bereits „in weniger als 10 Jahren".

„Im Jahr 2020 reisen Roboter von der Größe eines Nanometers (ein Milliardstel von einem Meter) um unsere Blutgefäße, reinigen sie und heilen die beschädigten Gebiete genauso wie heute ein Mechaniker ein Auto repariert. Nanokapseln zirkulieren in unseren Körpern auf der Suche nach Patogenen wie Viren und löschen sie durch von ihnen mitgeführte Arzneimittel aus. Kranke Organe in fatalem Zustand werden durch Transplantate oder ‚alternative Organe'

---

[33] Vorausgesetzt, die Therapie ist nicht kriminalisiert (wie gegenwärtig in Deutschland). Für diesen Fall stehen andererseits, im globalisierten Medizinmarkt, Kliniken in Singapur, Bangkok und Schanghai zur Behandlung bereit. Und keine Krankenkasse lässt sich solche Deals entgehen.

[34] Bill Gates hat Leroy Hood aus anderen – wissenschaftlichen und akademischen – Verwendungen für viel Geld herausgekauft, um ihn und das Institut in Seattle, der Heimat von Microsoft, anzusiedeln.

ersetzt, die aus eigenen Stammzellen gezüchtet wurden. […] in zwei Jahrzehnten werden wir ein Zeitalter eines gesunden langen Lebens eingeleitet haben."[35]

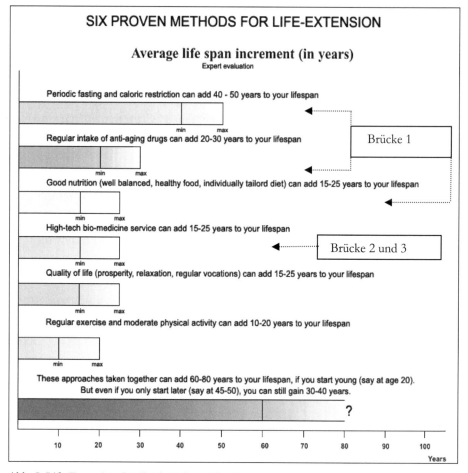

Abb. 5: Life-Extension Quelle: Anti-Aging Guide 2004

Abbildung 5 ließe sich als Versuch verstehen, die drei Brücken zeitlich zu konkretisieren. Was wir heute machen können, ist der Versuch, auf die erste Brücke zu kommen. Einiges davon, was zu tun wäre, scheint nicht allzu schwierig (siehe Abschnitt Schumpeter). Pillen schlucken sind wir gewohnt. Bei anderem wird es schwieriger: Körperliche Bewegung (soll 10-20 Jahre bringen); Ernährung; und

---

[35] So stellt sich der koreanische „National Science and Technology Council" die Zukunft der Medizin in Korea vor. Quelle: Donga.com, 17. Mai, 2005, The future of Korean Science and Technology,
http://english.donga.com/srv/service.php3?bicode=020000&biid=2005051883638.

dann der Triathlon der Lebensverlängerung: Kalorienreduktion. Das was am meisten brächte an zusätzlicher Lebensspanne (40 Jahre +) ist für die meisten Menschen hochgradig überfordernd. Nicht nur: no pain, no gain. Der Mensch muss gegen seine eigenen Instinkte und evolutionären Pfadabhängigkeiten antreten. Der (biologischen) Evolution geht es nicht um ein langes Leben. Sie interessiert sich um die Zahl unserer Kinder und Neffen, um Reproduktion. Für die egoistische Gene, die all dies steuern, ist unser Lebensalter gleichfalls uninteressant. Solange sie das Sagen haben, bleiben wir Sklaven der Natur. Auf der dritten Brücke lernen wir, unsere Evolution selbst zu steuern. Wir werden Selbstevolutionäre.

## Gesetz der exponentiellen Beschleunigung

Kurzweil argumentiert mit einer zweiten Hypothese. Er nennt sie „law of accelerating change": Das Gesetz der Beschleunigung der Zunahme von Wissen, Innovation und Wandel. Dies ist im Grunde ein alter Hut.[36] (Kurzweil ist ein genialer Selbstvermarkter oder im Schumpeterschen Sinne „Durchsetzer") Nicht nur, dass in jeder Dekade (Generation) mehr grundlegende Durchbrüche in wissenschaftlicher Erkenntnis und technologischer Anwendung erfolgen. Die Zunahme des Zuwachses an Wissen und Innovation beschleunigt sich. Der Wissenszuwachs ist exponentiell: Gesetz der exponentiellen Beschleunigung.

Dieses Gesetz ist nicht unbedingt notwendig für die Umsetzung der Brückenlogik oder um die erforderliche Fluchtgeschwindigkeit zu erreichen. Sie macht jedoch eine kontinuierliche Erhöhung der Lebensspanne sehr viel wahrscheinlicher. Mit jedem Lebensjahr gewinnt der Mensch neue Optionen der Lebensverlängerung.

Mit diesem Gesetz sind jedoch drei Implikationen verknüpft.

1.  Bei gleicher Durchsetzungsfähigkeit werden jene Systeme (Volkswirtschaften, Unternehmen, Wissenschaft) sich schneller weiterentwickeln, die mehr Wissen erzeugen können, was heute bedeutet, über ein leistungsfähigeres Wissenschaftssystem zu verfügen.

2.  Mehr Wissen allein ist ökonomisch brotlos, wenn sich das Wissen nicht in Neukombinationen durchsetzt. Wir erzeugen ansonsten einen Knowing-doing-gap. Im Bereich der Biotechnologie schätze ich diese Lücke

---

[36] Siehe etwa Wilson (2001: 252ff.) mit zahlreichen Hinweisen. Von einer ganz anderen theoretischen Tradition herkommend (autopoietische Systemtheorie, buddhistische Philosophie) beobachtet Francisco Varela (1990: 18): „Independently of a any valuation, we must see, that the process of change proceeds with an *increasing speed*. The creative interplay of research, technique, and the public creates energies for a change in human consciousness [...] and has to be considered as one of the most interesting adventures with which we can become engaged in" (Varela, 1990: 18; meine Hervorhebung).

zwischen den USA und Deutschland auf 4 zu 1. Wenn wir uns in der Nanotechnologie die gleiche Lücke leisten, werden sich historisches und biologisches Alter wie auch bisher im Gleichschritt verändern. Die Innovationslücke reproduziert den natürlichen Tod.

3. Die durch innovative Wertschöpfung erzeugten Ressourcen erlauben eine beschleunigte Produktion neuen Wissens in der Wissenschaft. Die neuen Erkenntnisse füttern dann wiederum neue Innovationen, usf. Wenn es gelingt, diese positive Rückkopplungsschleife zu erhalten, gedeihen Wissenschaft und Wirtschaft auch in der Zukunft, der Wohlstand der Menschen wächst weiter und der Tod verschwindet für die Menschen, die Lebensverlängerung als Option wählen.

Nur wenn wir diese Implikationen mitbedenken, werden sich die Vermutungen von Kurzweil einstellen. Im folgenden Abschnitt skizziere ich daher einige innovationstheoretische Überlegungen, welche bei der Entstehung und Diffusion bio- und nanotechnologischer Erkenntnisse von Bedeutung sind.

# 4    Hayek: Das Leben als Entdeckungsreise

„Aber selbst theoretische Einsicht, auch wo sie uns ein weitgehendes Verständnis für die Natur der Vorgänge gibt, macht es nicht immer möglich, diese [...] nach Wunsch zu gestalten, wenn wir nicht auch alle die besonderen Umstände kennen, die als Daten in unsere theoretischen Formeln einzusetzen sind. [...] Die Schwierigkeit, von der ich sprechen will, besteht [...] überall, wo wir es mit Vorgängen zu tun haben, für die das Bestehen hochgradig komplexer Strukturen Voraussetzung ist (Hayek 1969: 9)."[37]

Wir haben in obigen Abschnitten von einer Wissensumkehr berichtet, möglicherweise eine der folgenreichsten in der Evolution der Menschen. Wir waren überzeugt, und alle wissenschaftliche Evidenz sprach dafür, dass wir sterben müssen, dass die Natur uns als Maschinen mit eingebautem Tod programmiert hat. Wer weiß, er muss sterben, lebt anders, tut Anderes, glaubt an Anderes, sucht Erfüllung in Anderem, als jemand, der weiß, dass er unsterblich ist – oder durch sein Tun ein Unsterblicher werden könnte. Wir bezeichnen diesen Umbruch als (bifurkative) Wissensumkehr. Bisher lebten wir im Glauben, dass es irgendwann angebracht sein könnte, sich Gedanken über Tod, Nachleben, sein

---

[37] Diese Aussage Hayeks entnehme ich seiner Antrittsvorlesung „Wirtschaft, Wissenschaft und Politik", gehalten am 18.06.62, an der Universität Freiburg i.Br. Sie ist abgedruckt in Hayek (1969).

Jenseits zu machen, sein Zeitbudget entsprechend auszurichten, und irgendwann sich auch seinem Schicksal zu unterwerfen: das war's. Game over.

Dieser Glaube wird nun erstmalig nachhaltig durch die Wissenschaft erschüttert. Kein Wunder, dass sich gerade Vertreter der Wissenschaft als entschiedene Gegner eines solchen Umdenkens zu erkennen geben. Ethische, philosophische und biologische Paradigmen, über Jahrhunderte kultiviert, memetisch übertragen und längst zum Glauben geworden, stehen vor ihrer schöpferischen Zerstörung. Die Wissenschaft zeigt uns sogar Wege auf, wie wir, münchhausengleich, uns selbst aus dem Moor des Todes, befreien könnten. Dieses Wissen, wenn wir es zu nutzen vermögen, wenn wir es für unser Leben entdecken und anwenden, programmiert den Menschen um. Die Menschen gehen mit Zeit anders um (wirtschaftlich betrachtet sinkt die Zeitpräferenzrate tendenziell gegen Null), sie gehen mit sich selbst und den Mitmenschen anders um (ökonomisch betrachtet: vollständige Internalisierung externer Wirkungen), sie gewinnen ein anderes Verhältnis zu Natur und zum GEIST, zu Gott und dem Leben, das sie führen, auch wenn sie doch eines Tages, im Unfall oder durch Bösartigkeit ihrer Mitmenschen, oder weil der Staat es ihnen befiehlt, aus dem Diesseits ausscheiden. Das Risikoverhalten ändert sich grundlegend. Auch hier eine Umkehr: Die Aversion gegen wirtschaftliches Risiko (Innovation) geht zurück, die Aversion gegen das Leben verkürzende Einflüsse steigt, all dies eingebunden in eine durch Wissen induzierte und unternehmerisch versuchte Transformation des Selbst.

An diesem Punkt müssen wir ein großes Aber in unsere Überlegungen einführen. Das neue Wissen, die Wissensumkehr, die Bifurkation, bringt dem Wissenden zunächst nichts. Möglicherweise nur ein Rauschen. Und jetzt beginnt der Auftritt der Wissensökonomie.

**Enter Hayek und Schumpeter.**

Was kann man anfangen, wenn man weiß – ich könnte 500 Jahre leben – und wenn man weiß, ich müsste, um dahin zu kommen, über drei „Brücken" gehen. Um die drei Brücken von Kurzweil zu meistern, sind vor und während der Reise noch ganz andere Dinge zu meistern. Die Hindernisse und Widerstände scheinen (zunächst) so groß, dass man sein Lebensschiff im Hafen des Todes ankert, als es in die rauhe See eines langen Lebens zu steuern.

1. Die Mehrzahl derer, die diese Information zur Kenntnis nimmt, geht gleich zur Tagesordnung über. Reproduktion des Vorgegebenen, Überlieferten, emotionales und kognitives Abnicken der biographischen Pfadabhängigkeiten. Das Wissen prallt ab wie Wasser am Stein des

Glaubens an das eigene Wissen und die eigene Erfahrung.[38] Sie machen die Information (das fremde Wissen) nicht zu Selbstwissen, tränken es nicht mit neuer Erfahrung usw.[39] Besserwissen ist der Tod des Unternehmers (Peter Drucker, auch ein Mitglied der „Österreichischen Schule", jetzt 95, immer noch Bücher schreibend und Unternehmen vor ihren selbst-konstruierten Todesroutinen warnend: die Mainstream-BWL kennt ihn nicht, genau so wenig wie sich Stalin um Hayek scherte) – und jeder ist Unternehmer, der sich auf den Weg macht, seine Lebensspanne zu steigern.[40]

2. Wenn ich Selbstwissen für mich konstruiere, nutze ich das Wissen noch lange nicht, das Problem des *Knowing-doing-gap* oder unternehmerischer Energie. Ein Wissenschaftler wie Olshansky (eine Reinkarnation von Robert Malthus?), übergießt die Lebensverlängerer mit Skeptizismus und Zynismus. Menschen versuchten doch seit ewigen Zeiten, ewig zu leben. Ergebnis: „Sie sind alle tot" (Olshansky 2004).

3. Auch wenn ich etwas unternehmen will, *wie* tue ich es? Jeder muss das Wie-Wissen für sich selbst entdecken. Auch wenn die Programme bei jedem gleich funktionieren, schreiben die Programme weder Buch noch Brief und sie machen noch keine Tabelle. Wie setzte ich meine Programme, mein allgemeines (Hayek: „abtraktes") Wissen in meinem Körper ein, so dass es mir hilft, mich jünger zu machen als ich wäre ohne die Nutzung des Wissens. Hayek nennt dies „konkretes Wissen", das

---

[38] Kein von Mises und Hayek erzeugtes Wissen konnte die sozialistischen Führung davon überzeugen, ihre wirtschaftlichen Systeme marktwirtschaftlich auszurichten. Sie taten dasjenige, was wir tun, wenn wir die Wissensumkehr nicht in unsere Lebenspraxis integrieren.

[39] Ich verwende hier einen „konstruktivistischen" Begriff des Wissens, der sorgfältig zwischen Daten, Information und Wissen unterscheidet. Für Hayek, als Wissensökonom waren diese Unterscheidungen evident, wenn er sie auch nicht explizit formulierte. Hayek war einer der ersten, der die Unterscheidung von Michael Polanyi zwischen explizitem und implizitem Wissen aufnahm, sie in seinen frühen Schriften bereits verwendet hatte. Dieser konstruktivistische Wissensbegriff (jeder muss sein Wissen selbst konstruieren) ist nicht zu verwechseln mit dem was Hayek als „Konstruktivismus" bezeichnet: die externe Intervention in komplexe Systeme mit dem Ziel, ihr Verhalten in eine bestimmte Richtung zu dirigieren bzw. um bestimmte Ergebnisse (Output) zu erzielen. Wie Hayek zeigt auch die moderne (autopoietische) Systemtheorie die Vergeblichkeit eines solchen Tuns.

[40] Wissen ist keine verlässliche Größe. Man muss es selbst erzeugen, es ist ständig durch neues Wissen gefährdet, es bleibt ohne Einbindung in Neukombinationen ökonomisch „tot". Da die Einschätzungen von Wissen sich unterscheiden, ist Wissensnutzung an Unternehmertum angebunden. Ohne einen gewissen Fundamentalismus setzt sich Wissen nicht durch. Bleibt die Erzeugung und Durchsetzung von Wissen in einen offenen Prozess des Experimentierens, des Wettbewerbs und der Evolution eingebunden, entartet Wissen nicht zu Herrschaftswissen und Besserwissen.

Detailwissen über die besonderen Umstände von Zeit und Ort. Die Komplexität des Körpers – und nicht nur des physischen, auch des seelischen, geistigen und emotionalen, erfordert, detailliertes Wirkungswissens *selbst* zu entdecken. Ein ständiges Experimentieren wird notwendig – auf jeder der drei Brücken, die unseren Lebensweg verbinden. Die Lebensspanne steigt nur durch selbst-unternehmerisches Tun.

4.  Komplexität existiert somit nicht an sich, als eine von einem beobachtenden System unabhängige Kategorie. Ein Hund weiß nichts über die Komplexität seines Körpers, nur wir wissen es. Ein Steinzeitmensch weiß wenig über die Komplexität seines Körpers. Er ersetzt beobachtbare Komplexität durch Magie. Komplexität ist unsere Erfindung und kein ontologisches Faktum. Dies ist für Lebensverlängerer wichtig, weil sie durch eigenes Beobachten ihre Selbstkomplexität erkunden um dann durch entsprechendes Tun darauf lebensverlängernd antworten können.

5.  Eine allgemeine Regel hilft dem Unternehmer nicht immer, wenn er versuchen muss, mit der Komplexität seines Selbstsystems umzugehen. Er weiß um die Schäden, die er seinem Körper durch Rauchen zufügt. Um den Schaden zu beseitigen, reicht für ihn, wenn er sich an die Regel hält: Rauche nicht. Eines Komplexitätsmanagements bedarf es nicht. Er hat in der Regel Motivationsprobleme mit der Durchsetzung der Regel, der Knowing-doing-gap macht ihm zu schaffen, aber er sieht sich keinem Wissensdefizit gegenüber. Bei anderen lebensverlängernden Therapien liegen die Verhältnisse komplizierter. Wir wissen, dass Kalorienreduktion vielfältige Krankheiten (inklusive ihrer genetischen Basis!) ursächlich lindert (Alzheimer, Bluthochdruck, Diabetis, usw.). Einem Menschen zu sagen: „Esse weniger!", bringt ihn kaum weiter. Wieviel weniger essen, was und wann weniger essen, usw. Das *Wie-Wissen* ist nicht verfügbar, kontrovers und/oder ist selbst erst noch zu entdecken. Die Komplexität des Körpers triumphiert. Das Gesetz von Ross W. Ashby: Nur Vielfalt kann Vielfalt zerstören (beherrschen). Er muss eigene Experimente wagen, neue Wege gehen, Vielfalt tolerieren. Nur Vielfalt schafft ein langes Leben.[41] Man kann den Entdeckungsprozess delegieren (an Ärzte, Gurus, Quacksalber). Es hilft kaum. Jeder muss es für sich selbst entdecken. Und wenn er mehr weiß, hat er immer noch die große Chance, in die Lücke zwischen Wissen und Tun zu geraten.

6.  Strukturelle Kopplung: Wie gewinnt Wissen Anschluss an Innovation? Akademisches Wissen ist lebens- und wirtschaftspraktisch totes Wissen, „so bedeutungslos wie die Kanäle im Mars" (Schumpeter 1912: 164).

---

[41] „Vielfalt schafft Reichtum" (Zhuangzi, daoistischer Philosoph, 350 v.u.Z).

*Wie* kommt das viele Wissen in die Wertschöpfungsketten der Lebensverlängerer? Wie wird Wissen und Qualifikation lebenserhaltend und -verlängernd lebendig? Zirkuliert das Wissen nur im System der Wissenschaft, wer hat dann etwas davon, außer die Wissenschaft? Wissen bleibt ökonomisch tot, wenn keine intensive strukturelle Kopplung zwischen Wissenschaft, Personen und Wirtschaft zustande kommt. *Wer* leistet diese Kopplung? Der Funktionär? Der Beamte? Ein Innovationsrat? Berater von Berger & Co? Ohne wirksame Kopplung zwischen Wirtschaft und Wissenschaft, und zwischen diesen und unternehmerischer Energie (die Person des Unternehmers) bleibt das in der Wissenschaft erzeugte Wissen kognitives Schaulaufen. Die Meilensteine von De Grey bleiben unerreicht und die Brücken von Kurzweil gleichen „Marskanälen" (Schumpeter).

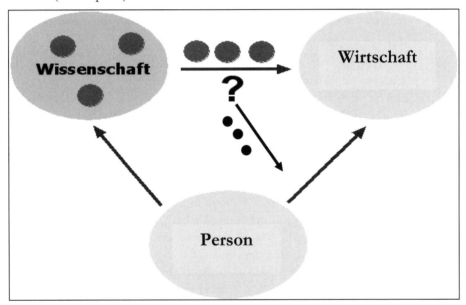

Abb. 6: Drei Systeme in struktureller Kopplung

7. Integrale Selbstevolution. Nicht unbedingt im Gegensatz zu der biologistisch-technologischen Sichtweise von De Grey, Kurzweil und NBIC-Theoretikern, jedoch explizit hervorhebend, bin ich der Ansicht, dass ohne integrale Praxis der Lebensgestaltung keine dramatische Ausweitung der Lebensspanne gelingt. Kurzweil glaubt tatsächlich (siehe obiges Zitat), irgendwann könnten wir medizin-technologisch die Gene austricksen, durch eine magische Pille, und das Gleiche erreichen, was gegenwärtig nur durch eine integrale Lebenspraxis auf der Brücke 1 erreichbar scheint. Ich habe meine Zweifel. Auch wer – und gerade wer –

die Errungenschaften der Zukunftsmedizin genießt, kommt an einer integralen („ganzheitlichen") Lebensweise nicht vorbei. Im Entdeckungsverfahren erzeugtes Wissen müsste, in den Seelen und Körpern der Menschen, jene Möglichkeiten langen und gesundes Leben entfalten helfen. Vielleicht lässt sich in der Tat in der Zukunft lebensverkürzendes Übergewicht durch Einschleusen von Nanobots biologisch korrigieren. Heißt das aber: freien Lauf für die Genussucht? Alles geht (anything goes)? Mit „integral" meinen wir die lebensharmonische Verbindung und Kultivierung der verschiedenen Dimensionen des Selbst: Geist, Körper, Emotion und Seele. Wer lange leben möchte, und sich mit „bodyism" (fit for fun) begnügt, brennt aus und verkümmert, lange bevor er sich die Chance erarbeiten konnte, auf die dritte Brücke zu gelangen und die Früchte des dritten Meilensteins zu ernten.

Zusammengefasst: Wir sind aufgefordert Fremdwissen in Selbstwissen und Selbsttun zu transformieren, Detailwissen selbst zu entdecken und anzuwenden, Schaffung von Wissen, seine Nutzung und seine Anwendung in allen beteiligten Systemen (Person, Wissenschaft, Wirtschaft, Politik) zu fördern und die Lücke zwischen Wissen und Tun in uns selbst zu überbrücken. Was also zu tun bleibt: das in der Wissenschaft erzeugte Wissen zu *lebendigem* Wissen zu machen.

# 5 Schumpeter: Innovationsdynamik und Erzeugung von Unsterblichkeit

Wettbewerb ist ein Entdeckungsverfahren im Sinne der praktischen Nutzung jeweils vorhandenen Wissens in den Entscheidungen der (Wirtschafts-)Subjekte. Den Knowing-doing-gap zu überbrücken ist die Funktion des Unternehmers.

Kurzweil unterstellt, als Amerikaner, für sein Land, zu Recht, die Nicht-Existenz einer Lücke. Für Afrika existiert kein Gesetz exponentieller Beschleunigung. China kennt in einem Zeitraum von 600 Jahren (1400-2000) keine industrielle Revolution. Hochmut gefolgt von Demütigung. Deutschland ist, nach meiner Einschätzung, auf dem alt-chinesischen Weg. Der fünfte Kondratieffzug ist abgefahren, die sechste lange Welle (siehe Abbildung 9) kann, diskursethisch gebremst, nur mühsam an Fahrt gewinnen. „Lass einfach alle Dinge sich von selbst entwickeln" (Zhuangzi 1998: 242) überfordert die deutsche Seele ethisch und emotional.

Ich vermute, beginnend mit dem 6. Kondratieff, eine zunehmende Verlagerung der weltwirtschaftlichen Innovationsdynamik nach Ostasien. Zudem ist die gesamte Lebensverlängerung für Ostasiaten kein „Problem", auch kein ethisches, vielmehr eine Chance, dasjenige zu verwirklichen, was ihre Basiskulturen (Daoismus und Konfuzianismus) seit Alters her für wünschenswert erachten: ein langes, gesundes und möglichst unsterbliches Leben. Die bio- und nanotechnologische Führungsmacht der Zukunft ist „Greater China", gefolgt von den USA. Für westliche Besucher Ostasiens sind die NBIC-Fortschritte atemberaubend (Pincock 2004, am Beispiel der Stammzellenforschung). Der wissenschaftliche „Output" der chinesischen Nanoforscher übertrifft bereits den der USA (Kostoff 2004). Das chinesische Universitäts- und Forschungssystem ist relativ problemlos und wirksam mit dem Innovationssystem gekoppelt (Ge Feifei 2004; Seyfart 2005; Website der *Chinese Academy of Science* CAS).

Würde ein solches eintreten, wären Länder der ersten industriellen Revolution fünffach abgestraft:

1. durch relative Abkopplung von technologischem Fortschritt;

2. durch einen überdurchschnittliche anwachsenden Aufwand für Gesundheit (ohne medizinische Innovationen lassen sich die Schwierigkeiten steigender Gesundheitskosten nicht bewältigen);[42]

3. durch Vergreisung der Bevölkerung (Parallelität von biologischem und chronologischem Altern);

4. durch Vernichtung von Humankapital wegen relativ frühen Ausscheidens aus dem Berufsleben (das inputlogisch-neoklassische Argument) und potentieller Innovation.

5. durch Nicht-Entfaltung integraler Selbstevolution bzw. das Verharren auf relativ primitiven, säugetiernahen Haltungen, Tugenden und Verhaltensweisen, die das Leben in Politik, Wirtschaft und Wissenschaft bis heute beeinflussen (das evolutionslogische Argument).[43]

Historisch betrachtet sind derartige Verwerfungen und technologisch-wirtschaftliche Abkopplungen normal. Vor der ersten industriellen Revolution waren die Abstände zwischen den Nationen in den Schlüsselindikatoren (Lebensstandard, Lebenserwartung, usf.) vergleichsweise gering. Mit der industriellen Revolution beginnt die große Teilung der Welt. Mit der Bio-Nano-Revolution zieht ein neuer Ungleichmacher um die Welt.

---

[42] Die gesundheitsökonomische Diskussion dieser Fragen, ausgesondert in Kommissionen und zerrieben im politischen Diskurs, lässt nahezu jede Kreativität und Vision vermissen und verbannt innovative Lösungen in einer Zukunft, die niemals eintritt. Freidenker im Internet bieten die Alternative. Randall *Parker* in Future Pundit (19. November 2004) und *Reason* in Fight Aging (22. März 2004).

[43] Der Erwerb integraler Fähigkeiten ist zeitgebunden. Ein kurzes Leben verschließt viele Wege der Selbstevolution für den im Lebenskampf sich aufreibenden Humanprimaten.

Nanotechnologie als Wissenschaft schafft erst dann neue Werte, wenn sie sich mit dem Neukombinationsprozessen der Wirtschaft schöpferisch integriert. In der Wertschöpfungskette betrachtet ist Nanotechnologie eingebunden in alle Teilsysteme einer modernen Gesellschaft.

Bis zur Durchsetzung der Industriellen Revolution in England ab dem 19. Jahrhundert, schwankt die Lebenserwartung um ein weitgehend konstantes Niveau (siehe obige Abbildung). Die figürliche Abbildung der Daten zur Lebenserwartung im Weltmaßstab weist eine verblüffende, nahezu identische Übereinstimmung mit denen vom Übergang vom paleolithischen zur nanotechnologischen Zeitalter (Abbildung 1) auf. In der obigen Abbildung fällt der Anstieg der Kurve mit der Phase zusammen, die in der ersten Abbildung mit AIR (agrarisch-industrielle Revolution) bezeichnet ist. Welche Prozesse stehen hinter diesen Kurvenverläufen?

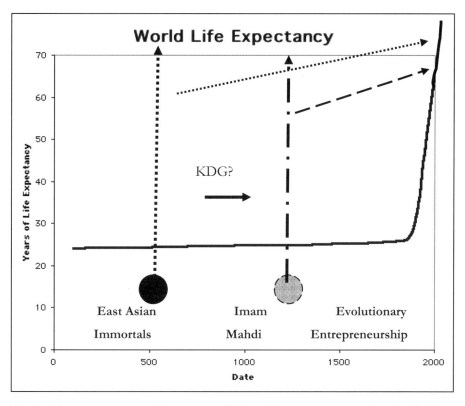

Abb. 7: Lebenserwartung im Weltmaßstab; KDG = Knowing-doing-gap; Quelle: Maddison (2001: 29-30), von mir ergänzt.

(Es gibt vielfältige Diskussionen über historische Ausreißer aus diesem Muster. Daoisten kennen und verehren „Unsterbliche" (Kohn 1993). Im Islam, shiitische

Version, existiert ein Imam Mahdi, geboren im 9. Jahrhundert, der immer noch leben soll, und in einer Interpretation auch den menschlichen Selbstevolutions-Prozess im Sinne der DeGrey-Kurzweil-Hayek-Schumpeter-Vermutung beeinflussen könnte; Röpke 2005).

Meine Antwort enthält Abbildung 8: Innovation und Lebensspanne. Bis weit ins 17. Jh. hinein, operiert die Wirtschaft, weltweit,[44] stationär und nahezu innovationslos. Überall auf der Welt. Die Regulatoren von Robert Malthus – Hunger, Krieg, Seuchen – herrschen über das Leben der Menschen.

Der unaufhörliche Anstieg der Lebenserwartung fällt – und überhaupt nicht zufällig – mit der industriellen Revolution zusammen. Die Kurve verändert ihr Steigungsmaß (Orangepunkt). Die modernen Institutionen von Wirtschaft und Politik sind Ausfluss der industriell-innovatorischen Dynamik. Neukombinationen setzen neues Wissen und alte Erfahrungen in Produkte und Technologien um, schaffen andererseits die Massenkaufkraft, die es Menschen und Staat erlauben, über sozialstaatliche und medizinische Neuerungen die Lebenserwartung von den Malthusschen Geißeln zu entkoppeln. Dieser Trend dauert bis heute an. In Abbildung 9 („Was war und was kommt") sind die „langen Wellen" der Innovation seit Beginn der industriellen Revolution bis heute skizziert. Ihnen parallel steigt die durchschnittliche Lebenserwartung erstmalig und dauerhaft über das „Steinzeit"-Niveau.

Die in der modernen Gesellschaft entfesselte Wissens- und Innovationsdynamik führt uns in eine neue Ära: die info-, bio- und nanotechnologische Revolution. Sie erzeugt eine neue Phase des Menschseins. Sie bewirkt die allmähliche Entkopplung vom Tod, vom natürlichen Sterben. Der natürliche Tod wird besiegt. Irgendwann – bei einer Lebenserwartung jenseits der 300 – mündet das Leben in eine Phase biologischer Stabilität. Die Lebensspanne reproduziert sich auf hohem Niveau. Das Ende der Evolution bedeutet das allerdings nicht. Die hohe Lebensspanne erlaubt die Entfaltung menschlicher Fähigkeiten in bisher durch den Tod fixierten, relativ kurzen Zeiträumen. Selbstmanipulation ist Standard. Dem Menschen gelingt es, sich von seiner 99%-Affenidentität genetisch zu entkoppeln, neue Innovationsschübe bewirkend. Das Alpha-Männchen-Innovationsmanagement ist Vergangenheit. Die menschliche Vielfalt steigt im Vergleich zu der anderen Spezies, und innerhalb der Rasse der Menschen selbst. Der Unterschied lebt und „Vielfalt schafft Reichtum" (Zhuangzi).

---

[44] Selbstverständlich wäre hier zu differenzieren. Ich beschreibe nur den großen Rahmen. Beispielsweise beobachten wir in China ab dem 9. Jahrhundert eine hochdynamsiche Wirtschaftweise, die über vier Kondratieffs (200 Jahre) hinweg das Land zu einer auch technologisch führenden Wirtschaft macht. Danach folgen 600 Jahre Stagnation.

Auch die theoretischen Paradigmen zur Beobachtung und theoretischen Erfassung der Wirklichkeit unterliegen einem Wandel. Die neoklassische Mainstreamökonomie herrscht über die innovationslose „Steinzeitökonomie" und gedanklich auch noch in „post-modernen" Gesellschaften wie der deutschen. Das Modell der Innovation von Schumpeter wird seinerseits überlagert vom Paradigma der Evolution.

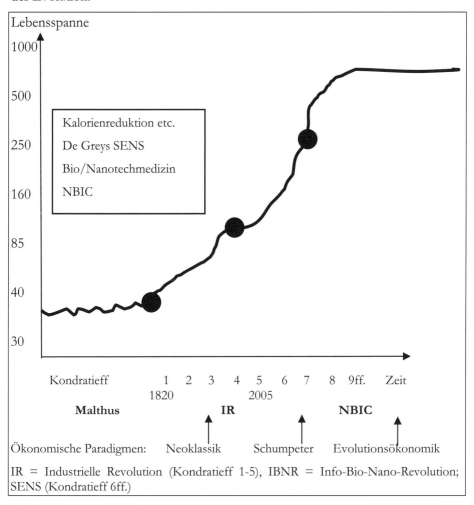

Abb. 8: Innovationen und Lebenspanne

**Einige geschätzte historische Lebenserwartungen für das Alter 0**

- Steinzeit, Nordafrika: 21 Jahre

- Römisches Reich: 22 Jahre

- männliche Grundbesitzer in England um 1200-1300: 35 bis 30 Jahre

- männliche Grundbesitzer in England während der Pest 1350-1400: 18 Jahre

- England und Wales (ganze Bevölkerung) 1451-1850: 29 bis 41 Jahre

Quelle: Wikipedia, Lebenserwartung

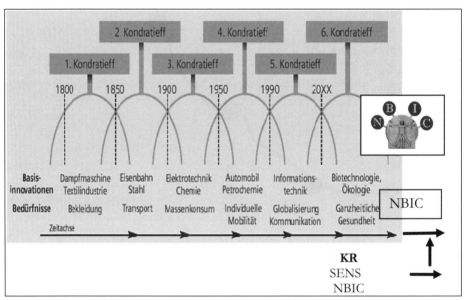

Abb. 9: Was war und was kommt; Quelle Grafik: Siemens, eigene Ergänzungen

Was wir erläutern ist Spekulation. Wir wissen nicht was kommt. Wie Christoph Kolumbus[45] haben wir Vermutungen, vielleicht sogar solche, die vollständig unbegründet sind. Kolumbus wollte nach Indien und entdeckte Amerika. Bis zu seinem Lebensende glaubte er „Hinterindien" gefunden zu haben. In seinen Reisen testet er Theorien über Erde und Navigation. Er entdeckt, durch unternehmerisches Tun, was Theoretiker (beginnend mit Aristoteles) über die Geographie der Erde vermuten. Er transportiert Erfindungen in die Wirklichkeit.

---

[45] http://de.wikipedia.org/wiki/Christoph_Kolumbus.

Seine Reisen stoßen neue Spekulation an, neue Erfindungen und Hypothesen, löschen Kulturen aus, machen einige Menschen reich und viele arm. Adam Smith schildert im „Wohlstand der Nationen" (Kapitel: „Über Kolonien"), erschienen in dem Jahr, in dem der nördliche Teil des Kolumbus entdeckten Kontinents sich für unabhängig erklärte, wie die von ihm entdeckten Reichtümer die spanische Wirtschaft ruinieren.

[Christoph Kolumbus auf dem Sterbebett. Er stirbt mit 55 Jahren. Als Kapitän steht er auf der Brücke. Der Sprung auf die Lebensbrücke bleibt ihm verwehrt. Die einzige Chance zu seiner Zeit: Selbstevolution zu einem daoistischen Unsterblichen, auf den Spuren des „Gelben Kaisers". Die christlichen Meme hatten was dagegen. Was blockieren sie heute?]

Von Innovation getragene Evolution ist eine Reise ins Unbekannte. Hayek prägt die Vorstellung eines „Wettbewerbs als Entdeckungsverfahren" und Schumpeter zeigt, wie Neukombinationen neue Möglichkeitsräume erschließen. Die LS-Revolution (LS = Lebensspanne) ist in ihrer lebenspraktischen Durchsetzung überhaupt nicht revolutionär. Um so mehr sind es ihre Folgen. Mussten wir den Tod bisher als Tatsache hinnehmen (vielfältig religiös, sozio-kulturell und ethisch rationalisiert), eröffnen bio- und nanotechnologische Neuerungen und integrale Persönlichkeitsentwicklung eine bislang nur für das Jenseits offenstehende Option: wir können zwischen Tod oder Leben *wählen*, zumindest für unvorstellbar lange Lebensabschnitte. Der liberalen Vision erschließen sich neue Handlungsmöglichkeiten eines selbst gestalteten Lebens. Es wird auch möglich sein, unser Lebensalter selbst bestimmt zu wählen, visionär zu gestalten sowie quasi homöostatisch zu regulieren. Wer sich auf 35 Jahre (biologisch) stabilisieren will, er kann es. Was Mäuse können (Dhahbi u.a., 2004), und wohl auch Affen (Blanc u.a. 2003), warum nicht auch menschliche Primaten? Der biologische Zeitzuwachs ermöglicht eine chronologische Tiefe für integrale Selbstevolution. Traum wird Vision und Vision schafft neue Wirklichkeiten.

Mancher mag sich darauf nicht einlassen wollen; und einige versuchen biologische Wahlfreiheit – die immer auch Chancen für integrale Transformation eröffnet – zu bekämpfen. Versetzen wir uns ins 18. Jahrhundert. Niemand konnte sich vorstellen, was ein Leben mit Elektrizität, Auto, Flugzeug und Internet bedeutet. Kein Wunder daher, dass *jede* Basisinnovation auf Ablehnung stößt. Die neue Kombination muss sich gegen die Kraft der Nullsumme, „Stammesdenken" (Hayek) und Status quo, Vorsichtsprinzip und Risikoaversion, Technikfolgenabschätzung und Ethikrat durchsetzen. Früher waren Religion und potentiell durch schöpferische Zerstörung Geschädigte die Treiber des Widerstandes. In ausdifferenzierten Gesellschaften leisten die Kopplung von Ethik mit Wissenschaft und Politik mit Demokratie die Erhaltung einer romantischen Irrelevanz gegenüber den neuen Möglichkeiten für menschliche Evolution: die Standards überlieferter Lebenswelten dienen als moralischer Maßstab für die Gestaltung einer Zukunft, die so verschieden sein wird wie die heutige Welt für einen Handwerker im Mittelalter.

Die freie Wahl von Leben und Lebensalter, wenn wir sie ethisch akzeptieren, bleibt allerdings eingebunden in vielfältige Bemühungen, die jeder Mensch, der sich diese Option erschließen will, tagtäglich und diszipliniert gegen inneren Widerstand, gespeist aus den Pfadabhängigkeiten seiner Evolution und Biographie, durchsetzen muss. Die Teilhabe am Entdeckungsverfahren zur Überwindung des Todes verlangt eine radikale Transformation seines Lebensstils, keine Angelegenheit für den, der so weiterleben will, wie er bisher lebte, für die Autopoiese der Routine. Wer ist schon bereit, nach jeder Mahlzeit mit einem Hungergefühl vom Tisch zu gehen. KR ist seit Jahrzehnten bekannt. Ein Knowing-doing-gap des Todes: Die meisten von uns kommen überhaupt nicht erst auf die erste Brücke.

Eine Pille zur Verlängerung der Lebensspanne wird es für die komplexe Maschine Mensch wohl niemals geben. Und der Staat wird ihn, wenn er zwei Jahrhunderte leben will, mit keinem Pfennig unterstützen (Früher Tod bringt die Rente ins Lot). Er muss selbst vorsorgen und heute beginnen. *Manana*-Kulturen haben keine Chance. Wer die „zweite Brücke" von Kurzweil überqueren möchte, muss sich *heute* in Disziplin üben, wie die Prophetin Hanna „fasten"; oder wie der mit hundert Jahren noch praktizierende Chirurg aus Rußland (Guinnes-Buch der Rekorde), jede Mahlzeit mit einem Hungergefühl beenden, die Innovation der Kalorienreduktion (LaFee 2004; Rae 2004) für sich durchsetzen. Wer schafft so etwas? Wer die neue (R)Evolution will, muss die Beschränkungen der alten überwinden. „Immer vernichtet, wer ein Schöpfer sein muss" (Nietzsche, Zarathustra, Reden).

---

**Die Lebensspanne-Revolution als Entdeckungsverfahren**

1. Jeder muss sich selbst entdecken und im Prozess dieser Entdeckung neue Möglichkeiten des Lebens verwirklichen.

2. Markt und Wissenschaft entdecken, strukturgekoppelt, neue Möglichkeiten biologisch-seelischen Seins.

3. Politik und Recht entdecken neue Möglichkeiten der Freiheit für die Durchsetzung von (2) und (1).

---

Das hier skizzierte „Projekt" als eine biologische Neukonstruktion des Menschen zu nennen, würde es fehlinterpretieren. Nichts wird konstruiert. Reine Reparatur. Was wird repariert? Die Evolution! An deren Ende, bislang, für den einzelnen Menschen, sein Tod einprogrammiert ist.

Die Urhypothese des evolutorischen Mortalismus formuliert Alfred Russel Wallace, der mit Charles Darwin die moderne Evolutionstheorie begründet.

„[…] wenn ein oder mehrere Individuen eine genügende Anzahl von Nachkommen hervorgebracht haben, sind sie selbst, als Verbraucher von *Nahrungsmitteln*, in einem sich zunehmend erhöhenden Ausmaß, eine Ungerechtigkeit gegenüber eben diesen Nachkommen. Die natürliche Selektion merzt sie aus, und in vielen Fällen bevorzugt sie solche Rassen, die nahezu unmittelbar sterben, nachdem sie Nachkommen hinterlassen haben" (zitiert in Gavrilov / Gavrilova 2002: 343).

Ersetzen wir Nahrungsmittel durch Ressourcen, Finanzkapital, Chancen, befinden wir uns in jenem Teil eines Multiversums, das dem Autor des „Methusalem-Komplotts" (Schirrmacher) als Kulisse für seine Überlegungen dient. Evolutorische Nullsummenlogik. Die einen leben auf Kosten der anderen. Der klassische Ökonom spricht vom fixed cake, kulturell geadelt, evolutionsbiologisch und neurobiologisch rationalisiert, in einem Denkstil, den Hayek als „Stammesdenken" bezeichnet. Die Alten haben ihre Nachkommen produziert. Zeit für sie, sich auf den Weg ins Jenseits zu machen, die Freuden des Altersheims zu genießen und nicht den Jungen Chancen und Ressourcen vorzuenthalten.[46] Jeder Fortschritt ist *biologisch* anti-evolutionär. Kultur überwindet die Gene und wissenschaftliches Unternehmertum gestattet, erstmalig in der Geschichte der Menschen, die genetischen Programme des Menschen lebensverlängernd neu zu schreiben und die Funktionsweise seiner Organe lebenserhaltend zu stabilisieren. Die Vielfalt (Komplexität) der Natur und ihre moralischen Pflichten triumphieren nicht über den Menschen. Der Mensch wird in Überwindung der Todesimperative der Natur ein Teil ihrer Evolutionsdynamik; gleichsam vom evolutorischen Abnicker zum selbstevolutiven Gestalter.

Was wir bisher, menschheitsgeschichtlich, teilhabend beobachten, ist der Vorfilm im Programm des Lebens. Im Hauptprogramm werden die Programme des evolutorisch nützlichen Todes in Programme seines ewigen Lebens umgeschrieben. Diese Programme existieren bereits. Nur kennen wir sie noch nicht. Auf der Leinwand und den Monitoren des Lebens läuft nur das Vorprogramm. Der Tod als ein natürlicher ist ein programmierter. Wir sind in der Lage, gehen wir den Weg über die Brücken des Lebens und verwirklichen wir die Meilensteine der Selbstverjüngung, die Programme des Lebens so umzuschreiben, dass die natürlich-zufällige Selektion als der Schöpfer und Herrscher des Weltalls, ihren tödlichen Biss verliert und ihr moralischer Schatten den Freuden und Leiden selbstevolutiver Lebensgestaltung weicht. Wir erhalten die Offenheit der menschlichen Evolution. Der Tod verliert seinen biologischen und ethischen Nutzen. Wir erzeugen unser Nirwana im Jetzt – eine Wiedergeburt ohne Tiermoral, für die

---

[46] Die Gavrilovs zeigen und Schirrmacher (2004) belegt vielfältig, wie die Vermutungen der biologischen Evolutionstheorie bis heute, oft unbewusst und unreflektiert, Denken und Handeln gegenüber Prozessen des Alterns beeinflussen und alternative Sichtweisen des Alterns verhindern.

Menschen, die sich durch ihr Wollen befreien. Der Mensch steht nicht mehr auf der Mitte „zwischen Tier und Übermensch" (Nietzsche), er verwirklicht sein Menschsein (und sein Leiden) in unaufhörlich-selbstevolutiver Wiedergeburt.

## Literatur

Aaron, Henry J./Schwartz, William B., Hrsg. (2004): *Coping with Methuselah: the Impact of Molecular Biology on Medicine and Society,* The Brookings Institution.

Ackerman, Todd (2004): *Embryonic stem cells activity around the nation,* Houston Chronicle, 04.12.04, http://www.chron.com/cs/CDA/ssistory.mpl/metropolitan/2931284.

Blanc, Stéphane et al. (2003): *Energy Expenditure of Rhesus Monkeys Subjected to 11 Years of Dietary Restriction,* The Journal of Clinical Endocrinology & Metabolism Vol. 88, No. 1, S. 16-23; http://jcem.endojournals.org/cgi/content/full/88/1/16.

Bredow, Rafaela von (2005): *Die Abschaffung des Todes,* Spiegel 30/2005, 25.06.05.

De Grey, Aubrey (2000): *Biologists abandon Popper at their peril,* Bioassays 22.02.00, http://www.gen.cam.ac.uk/sens/popper.pdf.

De Grey, Aubrey (2003): *A Cure for Aging. Speaking of the Future,* The Speculatist, 06.05.03, http://www.speculist.com/archives/000056.html.

De Grey, Aubrey (2004a): *Escape Velocity: Why the Prospect of Extreme Human Life Extension Matters Now,* PLoS Biology, Vol. 2, Issue 06.06.04, http://www.plosbiology.org/plosonline/?request=get-document&doi=10.1371%2Fjournal.pbio.0020187.

De Grey, Aubrey (2004b): *We will be able to live to 1,000,* BBC news, 03.12.04, http://news.bbc.co.uk/2/hi/uk_news/4003063.stm.

De Grey, Aubrey (2005a): *The postponement of aging,* Foresight Nanotechnology Institute, http://www.foresight.org/challenges/health001.html.

De Grey, Aubrey (2005b): *Resistance to debate on how to postpone ageing is delaying progress and costing lives,* EMBO reports 6, S. 1; 49-53, http://www.nature.com/embor/journal/v6/n1s/full/7400399.html.

De Grey, Aubrey (o.J. a): *The unfortunate influence of the weather on the rate of aging: why human calorie restriction or its emulation may only extend life expectancy by 2-3 years,* Gerontoloty, in press.

De Grey, Aubrey (o.J. b): *Timeframe for progress in life extension,* http://www.gen.cam.ac.uk/sens/ENSdef.htm.

Dhahbi, Joseph M. et al. (2004): *Temporal linkage between the phenotypic and genomic responses to calorie restriction*, The National Academy of Science, Vol. 101, No. 15, S. 5524-5529. http://www.biomarkerinc.com/assets/pdfs/BMPREF6.pdf; Abstract: http://www.pnas.org/cgi/content/abstract/101/15/5524?view=abstract.

Drexler, Eric (2004): *Drexler dubs „grey goo" fears obsolete*, 09.06.04, http://www.nanotechweb.org/articles/society/3/6/1/1.

Freitas, Robert A., Jr. (2002): *Death is an outrage*, http://www.rfreitas.com/Nano/DeathsIsAnOutrage.htm.

Freitas, Robert A., Jr. (2004): *Nanomedicine and medical nanorobotics*, http://www.foresight.org/Conferences/AdvNano2004/Abstracts/Freitas2/index.html.

Gavrilov, Leonid A./Gavrilova, Natalia S. (2002): *Evolutionary theories of aging and longevity*, The Scientific World Journal, Vol. 2, S. 339-356.

Ge Feifei (2004): *Die unternehmerischen Universitäten in China*, Hausarbeit „Seminar Nanotechnologie" Röpke/Wendorff, Marburg, Somersemester 2004.

Hall, Carl T. (2005): *Stem cell research embroiled*, in: San Francisco Chronicle, 24. 05.05, http://www.sfgate.com/cgi-bin/article.cgi?file=/chronicle/archive/2005/05/24/BAGTFCTOKS1.DTL.

Hayek, Friedrich A. von (1969): *Freiburger Studien. Gesammelte Aufsätze*, Tübingen: Mohr Siebeck.

Hayek, Friedrich A. von (1979): *Law, legislation and liberty, vol. 3: The political order of a free people*, London: Routledge.

Hulbert, Anthony J. (2005): *On the importance of fatty acid composition of membranes for aging*, Journal of Theoretical Biology, 21.05.05, Vol. 234, No. 2. S. 277-288.

Kohn, Livia (1993): *The Taoist experience. An anthology*, Albany: State University of New York Press.

Kostoff, Ronald N. (2004): *The (scientific) wealth of nations*, The Scientist, Vol. 18, Issue 18, 27.09.05.

Kurzweil, Ray (2003): *The Drexler-Smalley Debate on Molecular Assembly*, http://www.kurzweilai.net/meme/frame.html?main=/articles/art0604.html.

Kurzweil, Ray (2004): *Three minutes*, PC World, December, http://www.pcworld.com/news/article/0,aid,118375,pg,1,RSS,RSS,00.asp.

Kurzweil, Ray/Grossman, Terry (2004a): *Fantastic Voyage. Live long enough to live forever*, Aylesbury: Rodale Books.

Kurzweil, Ray/Grossman, Terry (2004b): *Immortality is within our grasp* [Synopsis aus 2004a],
http://www.longevitymeme.org/articles/printarticle.cfm?article_id=21.

LaFee, Scott (2004): *Live and let diet*, 24.11.04,
http://www.signonsandiego.com/uniontrib/20041124/news_lz1c24cr.html;
http://www.signonsandiego.com/uniontrib/20041124/news_lz1c24cr.html.

Lagos, Marisa (2005): *San Francisco lands stem cell institute*, San Francisco Examiner, 06.05.05, http://www.sfexaminer.com/articles/2005/05/06/news/
20050506_ne01_stemcell.txt.

Lawson, Chris (1999): *The Tithonus option is not an option, The longevity meme*, www.longevitymem.org/articles.

Lewis, Raphael (2005): *Stem cell bill override turns talk to research support*, 01.06.05, http://www.boston.com/news/science/articles/2005/06/01/stem_cell_bill_ov
erride_turns_talk_to_research_support?pg=full.

Maddison, Angus (2001): *The world economy in millenial perspective*, Paris: OECD.

Mattson, Mark P./Sic L. Chan/Wenzhen Duan (2002): *Modification of Brain Aging and Neurodegenerative Disorders*, Genes, Diet, and Behavior Physiological Reviews, Vol. 82, No. 3, Juli 02, S. 637-672.

Modelski, George/Thompson, William R. (1996): *Leading sectors and world powers: the coevolution of global economics and politics*, Columbia: University of South Carolina Press.

Nethöfel, Wolfgang (2004): *Converging Technologies – Definitionsalterntive*n, mimeo, Interdisciplinary Nano Working Group Marburg, Marburg, 09.11.04.

Nuland, Sherwin (2005): *Do you want to live forever?*, Technology Review, Februar.

Olshansky, Jay S. (2004): *Don't fall for the cult of immortality*, BBC news, 03.12.04, http://news.bbc.co.uk/2/hi/uk_news/4059549.stm.

o.V. (2003): *Nanotechnology and nanamedicine*, Nanonews-Now, Premium Newsletter, September 03,
http://www.nanotech-now.com/products/nanonewsnow/issues/003/003.htm.

o.V. (2005): *43 ways to save the world*, The Economist, 30.06.05.

Parker, Randall (2004): *Scientific advances are the solution to high medical costs*, Future Pundit, 19. 11.04, http://www.futurepundit.com/archives/002469.html.

Parker, Randall (2005a): *Leroy Hood sees great advances in biomedical testing devices*, Future Pundit, 28.04.05, www.futurepundit.com/.

Parker, Randall (2005b): *Aubrey De Grey: Stop feeling ashamed of goal of rejuvenation*, Future Pundit, 05.07.05, http://www.futurepundit.com/archives/002874.html.

Pincock, Stephen (2004): *Stem cells in Asia*, The Scientist, 22.11.04, http://www.the-scientist.com/yr2004/nov/upfront_041122.html.

Phoenix, Chris (2003): *Nanotechnology and life extension*, http://www.longevitymeme.org/articles/printarticle.cfm?article_id=10.

Rae, Michael (2004): *It's never too late: calorie restriction is effective in older mammals*, Rejuvenation Research, Vol. 7, No. 1, S. 3-8.

Rae, Michael (2005): *Exciting times at the Mprize*, Fight Aging, 04.07.05, http://www.fightaging.org/archives/000533.php#comments.

Rawstern, Rocky (2003): *Nanotechnology and nanomedicine*, Nanonews-Now, Premium Newsletter No. 3, September 2003, http://www.nanotech-now.com/products/nanonewsnow/issues/003/003.htm.

Reason (2004): *How much to plan on spending*, Fight Aging, 22.03.04, http://www.fightaging.org/archives/000057.php.

Röpke, Jochen (2002): *Der lernende Unternehmer. Zur Evolution und Konstruktion unternehmerischer Kompetenz*, Marburg: Mafex/BOD.

Röpke, Jochen (2005): *Religious belief and economic transformation. The case of Imam Mahdi* (in Vorbereitung).

Röpke, Jochen (2006): *Leben ohne Tod. Zur Theorie, Praxis, Ökonomie und Ethik der Lebensverlängerung* (in Vorbereitung).

Schirrmacher, Frank (2004): *Das Methusalem-Komplott*, München: Karl Blessing.

Schumpeter, Joseph A. (1912): *Theorie der wirtschaftlichen Entwicklung*, 1. Aufl., Leipzig, Neuaufl. 2005, Berlin: Duncker&Humblot.

Selin, Cynthia (2002): *Expectations in the emergence of nanotechnology*, Paper presented at the 4th Triple Helix Conference in Copenhagen, 06.-08.11.02.

Seyfart, Jörg (2005): *Innovation und Unternehmertum in der VR China*, Marburg: Mafex (in Vorbereitung).

Singer, Wolf (2004): *Das Gehirn ist ein wunderbares Organ*, Frankfurter Allgemeine Zeitung, 25.11.04, S. 40f.

Thomas, Cornelia (2005): *Jugendjünger*, Frankfurter Allgemeine Zeitung, 19.05.05, S. 46.

Varela, Francisco (1990): *Kognitionswissenschaft – Kognitionstechnik*, Frankfurt am Main: Suhrkamp.

Vaupel, James (2004): *Plasticity of longevity*, Sage Crossroads, 14.12.04.

Vries, Peer (2003): *Via Peking back to Manchester: Britain, the Industrial Revolution, and China*, CNWS Studies in Overseas History 4, Leiden.

Warner, Jeniffer (2004): *Cutting calories may cut Parkinson's risk*, WebMD Medical news, 13.12.04, http://my.webmd.com/content/Article/98/104768.htm.

Wilson, Robert Anton (2001): *Cosmic Trigger*, 11. Aufl., Stuttgart: Rowohlt.

Wong, Brad (2005): *Scientist predicts DNA for us all*, Seattle Post-Intelligencer, 27.04.05, http://seattlepi.nwsource.com/business/221795_hood27.html.

# Zur Applikation von neuem Wissen im Wirtschaftssystem – Korreferat zu Jochen Röpke

## Nicolas Combé[*] und Olaf Stiller[*]

1    Einleitung................................................................................................65

2    Die Wissensproblematik......................................................................66

3    Unternehmerische Universität und akademisches Unternehmertum..........68

4    Fazit .......................................................................................................69

     Literatur................................................................................................69

## 1    Einleitung

Die Bedeutung von Innovationen für den Entwicklungsprozess einer Volkswirtschaft ist gerade im Laufe der letzten Jahre unbestritten in den Fokus der politischen, wissenschaftlichen und gesellschaftlichen Diskussion gerückt. Zu nennen sei hier nur das Schlagwort „Innovationsoffensive". Auch Angela Merkel (2005) fordert „einen klaren Mentalitätswandel in Bezug auf Innovationen". Doch so entschieden die Bekenntnisse zur Innovationsfreundlichkeit auch vorgetragen werden, ist doch anzumerken, dass die theoretische Durchdringung des Innovationsprozesses einer Volkswirtschaft nicht vorhanden ist. Diesen Schluss lassen jedenfalls die aus den Forderungen generierten politischen Umsetzungsprogramme unzweifelhaft zu.

Innerhalb dieses Beitrages soll es nun weniger darum gehen die Wirkungen der von *Röpke* (21 ff.)[1] analysierten NBIC-Technologien tiefergehend zu reflektieren.

---

[*] Nicolas Combé ist externer Doktorand an der Philipps-Universität Marburg.

[*] Dr. Olaf Stiller promovierte am Lehrstuhl für Wirtschaftstheorie III an der Philipps-Universität Marburg.

Vielmehr konzentrieren sich die Ausführungen auf die institutionellen Voraussetzungen für die wirtschaftliche Nutzung neuen Wissens.

In der gebotenen Kürze dieses Beitrages soll der Einstieg in ein innovationslogisches Verständnis der wirtschaftlichen Entwicklung gegeben werden bei dem vor allem auf die zumeist unbeachteten Problemstellungen der ökonomischen Applikation neuen Wissens eingegangen werden wird.

## 2    Die Wissensproblematik

An dieser Stelle soll zunächst auf die grundlegende Problematik der ökonomischen Applikation von Wissen bzw. neuen wissenschaftlichen Erkenntnissen aufmerksam gemacht werden. In der wirtschaftswissenschaftlichen Literatur wird überwiegend davon ausgegangen, dass neues Wissen von selbst aus dem System Wissenschaft in das System Wirtschaft diffundiert und in letzterem zur Anwendung gelangt. Wissen wird hier als unproblematischer Inputfaktor für Produktionsfunktionen interpretiert. Genau dies ist aber in Frage zu stellen (Röpke 2003: 5). Die wirtschaftliche Nutzung von neuem Wissen ist die Basis für Innovationsaktivitäten. Eine entscheidende Differenzierung liegt in der Definition des Begriffes Innovation. Bereits Schumpeter (1912) nimmt hier eine klare Abgrenzung von Invention und Innovation vor. Eine Invention ist eine Erfindung, die zunächst einmal ökonomisch nutzlos ist. Erst mit der Durchsetzung der Invention am Markt kann von einer Innovation gesprochen werden, und erst dann ist ein volkswirtschaftlicher Wertschöpfungseffekt möglich. Wie sich unschwer nachweisen lässt, sind es aber nicht zwingend die Volkswirtschaften mit den höchsten Inventionsraten, die auch im globalen Innovationswettbewerb führend sind. Offensichtlich besteht hier eine Lücke zwischen Wissen und Handeln. Röpke (2003) benennt dieses Phänomen, in Anlehnung an die Autoren Pfeffer und Sutton (1999), welche allerdings einen managerialen Ansatz verfolgen, als Knowing-Doing Gap. Historisch lässt sich diese These exemplarisch dadurch validieren, dass etwa Computer und Faxgerät zwar in Deutschland erfunden wurden (Invention), die Kommerzialisierung aber erfolgte in den Vereinigten Staaten und Japan. Es scheint also so zu sein, dass einige Volkswirtschaften bei der Kommerzialisierung von hochtechnologischen Forschungsergebnissen über vorteilhaftere Rahmenbedingungen verfügen als andere. Eine genauere Untersuchung dieser Rahmenbedingungen, die sich vermutlich sowohl auf den institutionellen Ordnungsrahmen als auch und vor allem anderem auf das Vorhandensein unter-

---

[1] Zitate oder Verweise ohne Angabe des Erscheinungsjahres beziehen sich auf den Beitrag in dieser Publikation.

nehmerischer Fähigkeitspotentiale beziehen wird, ist noch zu leisten.[2] Da spätestens mit dem Aufkommen der mikroelektronischen (Computer-)Epoche eine Abkopplung von wirtschaftlicher Entwicklung und Energieverbrauch erfolgte und die Nutzung von Wissen zur entscheidenden Determinante für wirtschaftliche Prosperität wurde, wird das Fähigkeitspotential einer Volkswirtschaft zur Überwindung des Knowing-Doing Gap zum kausalen Knappheitsfaktor für die zukünftige Positionierung im globalen Wettbewerb. Die von Röpke (23) als Schlüsseltechnologien der kommenden langen Wellen (mehrere Kondratieffzyklen) vermuteten NBIC (NanoBioInfoCogno)-Technologien sind ausnahmslos auf naturwissenschaftlicher Forschung, die sich zur Zeit wohl noch größtenteils in der vormarktlichen Phase befindet, begründet. Da diese Vermutung sehr wahrscheinlich zutreffend ist, ergeben sich vollkommen neue gesamtgesellschaftliche Paradigmen. Das Verständnis und die Anwendung der identifizierten Schlüsseltechnologien verlangt ein hohes Maß an Interdisziplinarität, und dies sowohl auf horizontaler Ebene als auch auf vertikaler Ebene. Horizontal bedeutet die fachliche Integration und Interaktion von vormals mehr oder weniger getrennten wissenschaftlichen Disziplinen wie Physik, Chemie, Biologie, etc. Unter vertikaler Interdisziplinarität ist der Weg vom Forschungsergebnis, möglicherweise vom Patent zum marktreifen Produkt zu verstehen. Als gedanklicher Anstoß ist hier auf eine Studie von Jensen und Thursby (2001) zu verweisen, die gezeigt haben, dass bei 77% aller universitären Erfindungen eine weitere Involvierung des Forschers zur marktfähigen Entwicklung des Produktes notwendig ist. Es gibt eine Vielzahl von Typologien, die sich mit der Transferierbarkeit von Wissen beschäftigen. Exemplarisch zu nennen ist hier die von Polyani (1966) eingeführte Unterscheidung in explizites und implizites Wissen, die von Hayek (1996) beschriebene Problematisierung des verteilten Wissens, oder die von Stiglitz (1999) vorgenommene Differenzierung in codified und tacit, general und local. Eine in Bezug auf die Transferierbarkeit noch eindeutigere und für die hier angesprochene Problemstellung noch charakteristische Interpretation liefert der praktische Konstruktivismus. Nach konstruktivistischer Sichtweise ist Wissen stets implizit und nicht transferierbar, sondern wird durch individuelle Selektion und Transformation subjektiv generiert. Transferierbar sind lediglich Daten, aus welchen systemrelative Informationen abhängig vom individuellen Kognitionssystem erzeugt werden. Wissen entsteht durch die Einbettung von Informationen, die für die Entwicklung, die Evolution und die weitere Existenz des Systems wichtig sind, in spezifische Erfahrungsmuster eines Systems (Röpke 2003: 15). Die aus diesem Sachverhalt resultierende, sehr eingeschränkte Möglichkeit des Transfers von Wissen aus dem System Wissenschaft in das System Wirtschaft,

---

[2] Hier ist anzumerken, dass die Problematik des Knowing-Doing Gap bisher nur in geringem Umfang untersucht wurde und daher die Auseinandersetzung mit der Thematik noch am Anfang steht.

die durch völlig differente Kognitionssysteme charakterisiert sind, führt zu den folgenden Überlegungen bzw. Lösungsansätzen, die maßgeblich auf den Arbeiten Röpkes basieren.

# 3 Unternehmerische Universität und akademisches Unternehmertum

Innerhalb dieses Abschnitts soll abschließend ein Modell vorgestellt werden, welches die strukturelle Kopplung der Systeme Wissenschaft und Wirtschaft ermöglicht (vgl. dazu auch Röpke 2002: 313ff.) Nach dem von Röpke (18) zu Grunde gelegten autopoietischen Paradigma operiert jedes dieser Teilsysteme als operativ geschlossene Einheit.

Während die anglo-amerikanischen Ansätze (Etzkowitz/Leyesdorff 1999; Etzkowitz 2000; 2004) zur Überwindung des Knowing-Doing Gap den Transfergedanken in den Mittelpunkt stellen propagiert Röpke (1998; 2001) das Modell der unternehmerischen Universität. Das Ziel dieses Ansatzes ist darin zu sehen, Schumpeter'sches schöpferisches Unternehmertum im deutschen Universitätssystem zu verankern. „With an increasing scientific intensity of knowledge production, the gap between what is known (in science) and what is done (in the economic system), seems to increase. What the members of these institutions can do themselves to bridge the gap [between knowing and doing]? Our answer: They must mutate into entrepreneurs. This may require a transformation of the function of universities." (Röpke 2003: 12). Die drei notwendigen und hinreichenden Funktionen der unternehmerischen Universität sind Optimierung, Inputfreiheit sowie Outputfreiheit (Röpke 2002: 323). Optimierung beschreibt den in der Praxis gängigen Ansatz des Reengeneerings des universitären Innenlebens sowie Effizienz in der Ressourcennutzung. Inputfreiheit bedeutet sowohl die frei Wahl des Inputs (Studenten, etc.) sowie ein erhöhter Freiheitsgrad hinsichtlich des Ressourceneinsatzes. Outputfreiheit meint den Einzug unternehmerischer Handlungsparameter, d.h., dass die Hochschulen aktiv am volkswirtschaftlichen Wertschöpfungsprozess teilnehmen. Die dazu notwendigen Fähigkeiten sind selbstreflexiv und selbstevolutiv zu erwerben. [3]

---

[3] Vgl. dazu ausführlich das Lernkonzept nach Röpke (1999).

# 4    Fazit

Ziel dieses Kurzreferats war es, einen Einblick in das innovationslogische Entwicklungsparadigma zu vermitteln. Die von Röpke (15) genannten drei Variablen, neues Wissen, schöpferisches Unternehmertum und Innovation, zur Überwindung des natürlichen Todes gelten universal für jeden disruptiven Innovationsprozess[4] . Letztlich geht es darum zu begreifen, dass die Kommerzialisierung von neuem Wissen eben nicht der in neoklassischen Wachstumstheorien postulierten Inputlogik gehorcht bzw. gehorchen kann. Der Knappheitsfaktor in postindustriellen Wissensgesellschaften ist somit in der Fähigkeit zu sehen, die Lücke zwischen Wissen und Handeln, den Knowing-Doing Gap, zu schließen. Ein Modell, welches dies ermöglicht, ist in der kurz vorgestellten unternehmerischen Universität zu sehen.

## Literatur

Christensen, Clayton M. (1997): *The Innovators Dilemma*, Boston: Harper.

Christensen, Clayton M./Raynor, Michael E. (2003): *The Innovators Solution*, Boston: Harper.

Etzkowitz, Henry/Leyesdorff, Loet (1999): *The future location of research and technology transfer,* in: Journal of Technology Transfer, Vol. 24, S. 111-123.

Etzkowitz, Henry (2000): *The future of the university and the university of the future: evolution of the ivory tower to entrepreneurial paradigm,* Research Policy, Vol. 29, S. 313-330.

Etzkowitz, Henry (2004): *The Entrepreneurial University and the Industrialization of research,* http://www.center.kva.se/NS123/Abstracts%20PDF/Etzkowitz.pdf, 27.04.04.

Hayek, Friedrich A. von (1996): *Die Anmaßung von Wissen,* in Wolfgang Kerber (Hrsg.): Die Anmaßung von Wissen, Tübingen: Mohr Siebeck.

Jensen, Richard A./Thursby, Marie C. (2001): *Proofs and Prototypes for Sale – The Licensing of University Inventions,* American Economic Review, Vol. 91, S. 240-259.

Merkel, Angel (2005): *Innovationen stärken und damit Wohlstand sichern,* in: Reuters Meldung vom 25.05.05.

Pfeffer, Jeffrey/Sutton, Richard I. (1999): *The Knowing-Doing Gap – How smart Companies turn knowledge into action,* Cambridge/Mass.: Harvard Business School Press.

---

[4] Vgl. zum Begriff disruptiver Innovationen Christensen (1997) sowie Christensen/Raynor (2003)

Polyani, Michael. (1966): *The Tacit Dimension*, London: Doubleday.

Röpke, Jochen (1998): *The Entrepreneurial University - Innovation, academic knowledge creation and regional development in a globalized economy*, Marburg.

Röpke, Jochen (1999): *Lernen, Leben und Lieben im sechsten Kondratieff – Von Inputlogik zu Selbstevolution*, Marburg.

Röpke, Jochen (2001): *Die unternehmerische Universität: Humboldt und Schumpeter*, Marburg.

Röpke, Jochen (2002): *Der lernende Unternehmer*, Marburg.

Röpke, Jochen (2003): *Transforming Knowledge into Action - The Knowing-doing Gap and the Entrepreneurial University*, Bandung/Marburg.

Schumpeter, Joseph. A. (1912): *Theorie der wirtschaftlichen Entwicklung*, 1. Aufl., Leipzig, Neuaufl. 2005, Berlin: Duncker&Humblot.

Stiglitz, Joseph E. (1999): *Scan globally, reinvent locally – knowledge infrastructure and the localization of knowledge, keynote adress*, in: Joseph E. Stiglitz (Hrsg.): The rebel within, London: Anthem Press, S. 194-219.

# Neukonzeption des schweizerischen Finanzausgleichs

### René L. Frey[*]

| | | |
|---|---|---|
| 1 | Einleitung | 71 |
| 2 | Föderalismus und Finanzausgleich | 72 |
| 3 | Der bisherige Finanzausgleich zwischen Bund und Kantonen | 75 |
| 4 | Das Reformpaket 2004 „Neuer Finanzausgleich" (NFA) | 78 |
| 5 | Beurteilung des Neuen Finanzausgleichs | 82 |
| | Literatur | 85 |

## 1    Einleitung

Während Deutschland grosse Mühe bekundet, auch nur kleinste Föderalismusreformen durchzuziehen – die Deutschen können sich mit den Österreichern trösten, denen es diesbezüglich auch nicht besser geht –, haben die Schweizer Ende November 2004 in einer Volksabstimmung mit einer Mehrheit von fast 65 Prozent der Neugestaltung des Finanzausgleichs zugestimmt. Dass es sich dabei um einen grossen Schritt handelt, geht schon daraus hervor, dass 27 der 196 Artikel der schweizerischen Bundesverfassung geändert worden sind.

Im Folgenden werde ich diese Neukonzeption vorstellen. Es liegt mir jedoch fern, den Deutschen irgendwelche Ratschläge zu erteilen. Ich bin mir bewusst, dass jedes Land auf Grund seiner Geschichte und der sozioökonomischen Besonderheiten ein anderes Staatsverständnis hat. Als Folge davon bestehen überall andere Vorstellungen darüber, wie ein Staat vertikal strukturiert werden soll.

---

[*] Prof. Dr. Dr. h.c. René L. Frey ist emeritierter Professor für Nationalökonomie an der Universität Basel und Research Director am Center for Research in Economics, Management and the Arts (CREMA), Basel.

Im Kapitel Föderalismus und Finanzausgleich werde ich auf den schweizerischen Föderalismus und den Stellenwert des Finanzausgleichs eingehen. Im Kapitel Der bisherige Finanzausgleich zwischen Bund und Kantonen folgt eine kurze Darstellung des bisherigen Finanzausgleichs. Ich werde dabei auch auf die Mängel eingehen, die die Bundesregierung und die Kantone 1992 veranlasst haben, gemeinsam eine grundlegende Reform an die Hand zu nehmen. Kapitel „Das Reformpaket 2004 Neuer Finanzausgleich" (NFA) stellt die „Neugestaltung des Finanzausgleichs und der Aufgabenteilung zwischen Bund und Kantonen" vor. Wegen des schwerfälligen Titels dieser Reformvorlage ist meist vom „Neuen Finanzausgleich" oder noch kürzer „NFA" die Rede. Im Kapitel „Beurteilung des Neuen Finanzausgleichs" werde ich den NFA beurteilen. Möglicherweise bin ich dabei nicht ganz objektiv. Denn ich war mit zwei Gutachten an der Entstehung des NFA beteiligt und habe mich im Abstimmungskampf in vielen Zeitungsartikeln, Interviews und Vorträgen für die Annahme eingesetzt. Als Wissenschaftler werde ich mich jedoch um eine neutrale Position bemühen.

## 2    Föderalismus und Finanzausgleich

Ausgangspunkt für die Reform des Finanzausgleichs bildet die *Theorie des fiskalischen Föderalismus*. Diese geht davon aus, dass die dezentrale Leistungserstellung mit Effizienzvorteilen verbunden ist, weil den regional unterschiedlichen Präferenzen besser entsprochen werden kann als in einem zentralistischen System. Die Entscheidungsträger vor Ort wissen besser Bescheid über die lokalen und regionalen Gegebenheiten als Politiker und Verwaltungen, die weit entfernt Entscheidungen treffen. Bei zentralistischen Lösungen zeigt sich in der Regel ein Mangel an Sensitivität für regionale Besonderheiten.

- Mehrstufiger Staatsaufbau (in der Schweiz: Gemeinde, Kanton, Bund)

- Aufgabentrennung und Autonomie (Subsidiaritätsprinzip)

- Leistungs- und Steuerwettbewerb zwischen den Gebietskörperschaften

- Kohäsion (Zusammenhalt der Gliedstaaten als Bundesaufgabe)

- Mitbestimmung der Gliedstaaten auf der Bundesebene (in der Schweiz: Ständerat und Ständemehr)

Tab. 1: Merkmale des Föderalismus

Verfügen die Gliedstaaten über Entscheidungsautonomie bezüglich Aufgaben, Ausgaben und Einnahmen, so stehen sie in einer Wettbewerbsbeziehung zueinander. Die Bürger und Firmen haben die Möglichkeit, denjenigen Gliedstaat als

Standort zu wählen, der ihnen das attraktivste Verhältnis von öffentlichen Leistungen und dafür verlangten Steuern bietet (vgl. Tabelle 1). Diese „Abstimmung mit den Füssen" *(voting by feet)* stellt einen Mechanismus zur Aufdeckung der individuellen Präferenzen für öffentliche Güter dar.

Der föderative Wettbewerb funktioniert allerdings nur dann befriedigend, wenn bestimmte Voraussetzungen erfüllt sind:

- Grössenvorteile bei der Herstellung von öffentlichen Leistungen müssen genutzt werden können.

- Die Nutzniesser von öffentlichen Leistungen, die Kostenträger und die Entscheidungsträger sollen in räumlicher Hinsicht einigermassen übereinstimmen (sog. *fiskalische Äquivalenz,* keine Spillovers).

- Die regionalen Disparitäten dürfen nicht allzu gross sein.

In der Realität sind diese Voraussetzungen mehr oder weniger stark verletzt. In der Schweiz bestehen vor allem zwei Probleme: erstens die teilweise zu kleinen Kantone und Gemeinden und zweitens die *Nutzen-Spillovers* von städtischen Zentren. Die Kantone mit Grossstädten zum Beispiel können in finanzielle Probleme geraten, wenn auch Personen aus angrenzenden Gebietskörperschaften zentralörtliche Leistungen in Anspruch nehmen, ohne dafür einen adäquaten (Steuer)Preis entrichten zu müssen.

Wenn derartige Föderalismusprobleme auftreten, so wird die Lösung meist in der *Zentralisierung,* das heisst der Verlagerung von Aufgaben auf den Bund, gesucht. Dies ist bei lokalen und regionalen öffentlichen Gütern jedoch weder notwendig noch effizient. Die Zentralisierung verteilt die Steuerlast auf alle Gliedstaaten und führt dadurch zu einer *Überzentralisierung* – mit entsprechenden Wohlfahrtsverlusten. Gleichwohl fand in der Schweiz seit dem Zweiten Weltkrieg die Zentralisierung regionaler Aufgaben häufig die Zustimmung sowohl des Bundes als auch der Kantone. Beide versprechen sich davon Vorteile: Der Bund kann zusätzliche Kompetenzen wahrnehmen; und die Gliedstaaten sind in der Lage, ihre öffentlichen Güter durch andere Gebietskörperschaften mitfinanzieren zu lassen.

Der Staat hat neben Versorgungs- auch Umverteilungsaufgaben. Die Erfüllung der letzteren kann im Föderativstaat durch den *Steuerwettbewerb* in Frage gestellt werden. Ärmere Personen haben Anreize, sich in Gebietskörperschaften zu begeben, welche Sozialleistungen grosszügig ausrichten. Die Reichen demgegenüber versuchen, durch Wegzug in steuergünstigere Gemeinwesen sich der Belastung, die durch die Einkommensumverteilung entsteht, zu entziehen. Bei dezentraler Umverteilung resultiert tendenziell eine segmentierte Gesellschaft, in der arme und reiche Schichten in unterschiedlichen Gebietskörperschaften leben. In den Kernstädten dominiert die *A-Bevölkerung.* Diese ist charakterisiert durch einen überdurchschnittlichen Anteil von Alten, Armen, Ausländern, Arbeitslosen, Alleinerziehenden, Auszubildenden usw., also von Bevölkerungsgruppen, welche hohe Ansprüche an den Staat stellen, aber kaum Steuern und Abgaben zahlen. Im Agglomerationsgürtel und im zentrumsnahen ländlichen Raum leben vor allem junge Familien mit mittlerem bis höherem Einkommen, bei denen das Kosten-Beitragsverhältnis gerade umgekehrt ist.

Einkommensumverteilung muss eine Aufgabe des Zentralstaates sein. Sonst kann der Steuer- und Leistungswettbewerb zu einer Steuerspirale nach unten (sog. *race to the bottom*) führen und die Versorgung mit staatlichen Leistungen gefährden. Das Beispiel Schweiz, wo auf wenige Kilometer Distanz grosse Steuerbelastungsunterschiede – für Personen wie Unternehmungen – bestehen, zeigt allerdings, dass dieses Problem nicht zwingend ist. Wenn die Aufgaben zweckmässig auf die verschiedenen bundesstaatlichen Ebenen aufgeteilt sind, wenn Transparenz herrscht und wenn die Bürger (direkt)demokratisch über ihre Steuerbelastung entscheiden können, berücksichtigen sie nicht nur die Steuern, sondern auch die öffentlichen Leistungen, und sind bereit, dem Staat die erforderlichen Finanzen zur Verfügung zu stellen.

Der Finanzföderalismus, besonders der Steuerwettbewerb, gibt den Bürgern ein zusätzliches Instrument zur *Beschränkung staatlicher Macht* in die Hand. Regierungen sind gezwungen, auf die Interessen mobiler Produktionsfaktoren Rücksicht zu nehmen, weil sie sonst Steuererträge verlieren. Zudem ermöglichen dezentrale Aufgaben- und Steuerkompetenzen den Bürgern, die Leistungen ihres eigenen Gemeinwesens mit jenen benachbarter Gebiete zu vergleichen. Sie setzen diese Informationen dann bei ihren Entscheidungen an der Wahlurne ein. Vergleichsweise erfolgreiche Regierungen werden wiedergewählt, während erfolglosen die Abwahl droht. In der Terminologie von Albert O. Hirschman: Im Föderalismus werden die beiden Steuerungsmöglichkeiten *exit* und *voice* verknüpft.

Um die Nachteile des fiskalischen Wettbewerbs zu mildern und gleichzeitig die Vorteile einer dezentralen Zuteilung von Aufgaben- und Einnahmenkompetenzen zu kombinieren, braucht es ein System von Transferzahlungen zwischen den Gliedstaaten. Der *Finanz- und Lastenausgleich* umfasst vertikale Zahlungen zwischen Gebietskörperschaften unterschiedlicher Ebenen wie auch horizontale Transfers zwischen Gliedstaaten der gleichen bundesstaatlichen Ebene. Als allokatives Ziel verfolgt er die Internalisierung von Spillovers, als distributives Ziel die Einkommensumverteilung von reichen zu armen Regionen.

# 3    Der bisherige Finanzausgleich zwischen Bund und Kantonen

Der dezentrale Staatsaufbau gehört – zusammen mit der direkten Demokratie – zu den wichtigsten politischen Staatsprinzipien der Schweiz. Neben dem Bund haben auch alle 26 Kantone eigene Verfassungen. Sogar den rund 2800 Gemeinden wird im Rahmen der kantonalen Ordnungen eine hohe Autonomie gewährt. Der Föderalismus schweizerischer Prägung ist dadurch charakterisiert, dass eine Aufgabe solange in die kantonale Kompetenz fällt, als diese nicht durch die Bundesverfassung explizit eingeschränkt wird. Das gleiche gilt für die Steuern: Die Kantone dürfen alle Abgaben erheben, die nicht ausschliesslich dem Bund zugewiesen sind. Da alle Verfassungsänderungen eine Volksabstimmung bedingen, bei der die Mehrheit der Stimmenden wie auch die Mehrheit der Stände (Kantone und Halbkantone) zustimmen müssen, sind die Hürden für Änderungen sehr hoch.

Mit einem Anteil von fast 75 Prozent der gesamten Staatsausgaben und rund 60 Prozent der Staatseinnahmen kommt im schweizerischen Bundesstaat den nachgeordneten Gliedstaaten eine starke Stellung zu (vgl. Abbildung 1). Die Differenz wird durch den *vertikalen Finanzausgleich* geschlossen. Dem Bund stehen die Mehrwertsteuer und die Verbrauchsteuern als ausschliessliche Einnahmequellen zu. Vermögen-, Besitz- und Aufwandsteuern fallen in die kantonale und kommunale Zuständigkeit. Die ertragsmässig wichtigen direkten Steuern, die Einkommen- und die Gewinnsteuer, werden von allen drei Ebenen erhoben. Die Steuerautonomie der Kantone und Gemeinden ist seit 2001 durch die so genannte *formelle Steuerharmonisierung* leicht eingeschränkt. Diese beinhaltet die Vereinheitlichung der Steuergrundsätze, Bemessungsgrundlagen und Verfahren. Die Festlegung der Steuerbelastung, das heisst Steuersätze, Freibeträge und Abzüge, ist nach wie vor Sache der Kantone und Gemeinden.

Der Vergleich der Schweizer Finanzordnung mit jener von Deutschland zeigt grundlegende Unterschiede. Im deutschen Verbundsystem besitzen die Gliedstaaten, von Ausnahmen abgesehen (bes. Gewerbesteuer), keine Steuerautonomie. Von Lörrach bis Flensburg sind die Steuersätze gleich. Das Steueraufkommen fliesst dem Bund zu und wird dann nach politisch festgelegten Quoten auf Bund, Länder und Kommunen aufgeteilt. Auch auf der Ausgabenseite besteht eine starke Verflechtung. Die Befugnis der Länder, eigenständig gesetzgeberisch tätig zu werden, ist in vielen Bereichen beschränkt. Allerdings bedürfen viele Gesetzesvorlagen auf Bundesebene der expliziten Zustimmung der Länder. Obwohl auch die Schweizer Finanzordnung einige Verbundelemente auf der Einnahmen- und Ausgabenseite zwischen Bund und Kantonen kennt, sind die Entscheidungskompetenzen institutionell doch deutlich stärker getrennt.

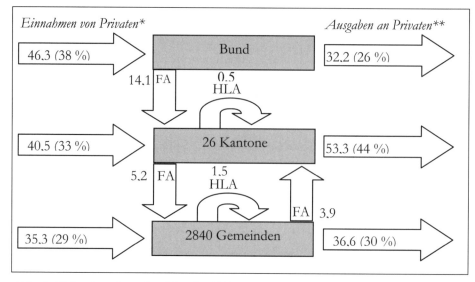

*Einnahmen von Privaten\**

46.3 (38 %)

14.1 FA

**Bund**

0.5
HLA

*Ausgaben an Privaten\*\**

32.2 (26 %)

40.5 (33 %)

5.2 FA

**26 Kantone**

1.5
HLA

53.3 (44 %)

FA 3.9

35.3 (29 %)

**2840 Gemeinden**

36.6 (30 %)

Abb. 1: Föderativstruktur der Schweiz, 1999 (in Milliarden Franken), * inkl. Neuverschuldung, ** inkl. Beiträge an öffentliche Unternehmungen , FA = Vertikaler Finanzausgleich , HLA = Horizontaler Lastenausgleich, Quelle: Eigene Zusammenstellung auf Grund „Öffentliche Finanzen der Schweiz 1999".

Der *heutige Finanzausgleich* wurde in der Schweiz 1959 eingeführt. Im Laufe der Jahrzehnte hat er sich zu einem unsystematischen, undurchsichtigen und nicht mehr steuerbaren System von vertikal ausgerichteten Finanztransfers vom Bund an die Kantone weiterentwickelt. Ein horizontaler Finanzausgleich, wie er dem deutschen Länderfinanzausgleich zu Grunde liegt, existiert in der Schweiz nur ansatzweise. Doch haben auch in der Schweiz die vertikalen Finanztransfers insofern eine horizontale Ausgleichskomponente, als die Mittel vor allem durch die finanzstarken Kantone aufgebracht werden. Bei gewissen finanzschwachen Kantonen machen die Finanztransfers des Bundes bis zu 50 Prozent der gesamten Einnahmen aus.

---

**Der heutige Finanzausgleich gliedert sich in drei Hauptteile:**

- Kantonsanteile am Ertrag der direkten Bundessteuern, der Treibstoffabgaben und am Gewinn der Zentralbank.

- projektgebundene Finanzhilfen und Abgeltungen des Bundes an die Kantone (Bundesbeiträge).

- horizontale Ausgleichszahlungen zur Abgeltung von Spillovers.

---

Die Höhe der Transfers bemisst sich nach einem Index, der die *Finanzkraft der Kantone* widerspiegeln soll. Er umfasst vier Komponenten: 1. das kantonale Pro-Kopf-Einkommen, 2. die kantonalen und kommunalen Steuereinnahmen pro

Einwohner, 3. die durchschnittliche kantonale Steuerbelastung und 4. der Anteil Berggebiet an der Kantonsfläche. Der Index der Finanzkraft dient der Einteilung der Kantone in drei Gruppen (vgl. Abbildung 2): zurzeit fünf finanzstarke Kantone, 14 mittelstarke und sieben finanzschwache Kantone. Für die finanzstarken (finanzschwachen) Kantone gelten tiefe (hohe) Anteile an den Bundessteuern und tiefe (hohe) Subventionssätze bei den Bundesbeiträgen.

Die Umverteilungswirkung des Finanzausgleichs im eigentlichen Sinn beträgt rund zwei Milliarden Franken (etwa 1,3 Mrd. €). Sie wird heute sowohl vom Bund als auch von den Kantonen als ungenügend betrachtet.

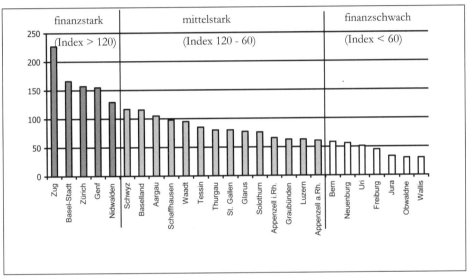

Abb. 2: Einteilung der Kantone nach ihrer Finanzkraft, 2004/05

Im Laufe der Zeit haben sich auch auf der *Aufgaben- und Ausgabenseite* Verbundelemente zwischen Bund und Kantonen etabliert. Das Bildungs-, Kultur- und Gesundheitswesen fällt zwar schwergewichtig in die Zuständigkeit der Kantone (und Gemeinden), doch hat der Bund als Mitfinanzierer ein gewichtiges Wort mitzureden. Beim Sozial- und Verkehrswesen sowie beim Umweltschutz, der Raumordnung und der Landwirtschaft teilen sich die Ebenen ebenfalls in die Verantwortung. In seiner Wirkung begünstigt der Ausgabenverbund den *Vollzugsföderalismus* und schränkt die Autonomie der Kantone ein. Trotzdem kann beim Schweizer Föderalismus auch heute noch von einer vergleichsweise grossen Autonomie der nachgeordneten Gliedstaaten gesprochen werden.

# 4 Das Reformpaket 2004 „Neuer Finanzausgleich" (NFA)

Um die Autonomie der Kantone zu stärken, die Steuerbarkeit und Wirksamkeit des Finanzausgleichs zu verbessern und den Trend zum Vollzugsföderalismus zu bremsen, haben die Bundesregierung und die Kantone 1992 gemeinsam eine weitreichende Reform der föderalen Finanzbeziehungen eingeleitet. Der Neue Finanzausgleich besteht aus sechs Elementen:

- *Aufgabenentflechtung:* Von 31 bisherigen Gemeinschaftsaufgaben werden 15 vollständig in die Verantwortung der Kantone und sechs in diejenige des Bundes verlagert. Damit wird ein Finanzvolumen von insgesamt etwa fünf Milliarden Franken (rund 3,5 Mrd. €) entflochten. Die Aufgabenzuordnung erfolgt grundsätzlich nach dem *Subsidiaritätsprinzip:* Öffentliche Aufgaben werden nur dann dem Bund übertragen, wenn die Kantone überfordert sind. Dies ist bei nationalen Kollektivgütern der Fall, das heisst bei öffentlichen Leistungen, von denen ein breiter, regional nicht abgegrenzter Kreis von Nutzniessern profitiert. Zwischen den reinen Bundes- und den reinen Kantonsaufgaben wird es gemäss dem NFA eine begrenzte Zahl von Verbund- und Gemeinschaftsaufgaben geben (vgl. Tabelle 2).

| Reine Bundesaufgaben | Verbundaufgaben Bund-Kantone | Gemeinsame Kantonsaufgaben | Reine Kantonsaufgaben |
|---|---|---|---|
| Altersversicherung | Krankenversicherung | Kantonale Universitäten | Invaliden-, Betagten- und Behindertenheime |
| Invalidenversicherung | Stipendien für Hochschulen | Fachhochschulen | |
| Autobahnen | Agglomerationsverkehr | Spitzenmedizin u. -kliniken | Sonderschulen |
| Landesverteidigung | Regionalverkehr | Abfallentsorgung | Stipendien für allg. Schulen |
| | Natur-,Landschafts-, Lärm- und Gewässerschutz | Abwasserreinigung | |

Tab. 2: Aufgabenentflechtung Auswahl der wichtigsten neu zugeordneten Aufgaben)

- *Vertikale Zusammenarbeit Bund-Kantone:* Die heutige Zweckbindung zahlreicher vertikaler Finanztransfers sowie deren Bemessung nach der Höhe der Projektkosten und der Finanzkraft der Kantone bewirkt, dass sich diese bei hohen Subventionssätzen primär darum bemühen, hohe Bundesbeiträge zu erhalten. Solche Anreize verzerren die Aufgabenprioritäten, schränken die Autonomie der Kantone ein und führen zu Ineffizienz bei der Erfüllung öffentlicher Aufgaben.

Zur Lösung dieses Problems sieht der NFA eine neue Form der vertikalen Zusammenarbeit zwischen Bund und Kantonen vor. Diese ist analog zum New Public Management konzipiert. Bei Aufgaben mit nationalen Anliegen, für deren Vollzug der Bund auf die Kantone zurückgreift, beschränkt er sich in Zukunft darauf, strategische Entscheidungen zu treffen (eine Art *Outsourcing*). Die Kantone sind für die operativen Belange zuständig. Der Bund muss seine Anliegen partnerschaftlich mit den Kantonen aushandeln. Die Ergebnisse solcher Verhandlungen werden in *Leistungsvereinbarungen* festgehalten. Dabei besteht die Leistung der Kantone in der Berücksichtigung übergeordneter Interessen, jene des Bundes in *Globalbeiträgen* für Programme statt wie bis anhin in zweckgebundenen und kostenbezogenen Beiträgen an Einzelprojekte. Diese neue vertikale Zusammenarbeit soll eine effizientere Mittelverwendung gewährleisten, weil die Kantone den Einsatz der Bundesmittel innerhalb des ausgehandelten Rahmens in Zukunft eigenständig optimieren können.

Dieses partnerschaftliche Element ist allerdings im NFA nicht konsequent ausgestaltet. Beispielsweise wird der Bund die Möglichkeit haben, durch einen einseitigen Rechtsakt notfalls Subventionsverfügungen zu erlassen. Auch sind Vorkehrungen geplant für den Fall, dass Verhandlungen zwischen dem Bund und einem Kanton scheitern. Damit wird dem Bund a priori eine stärkere Verhandlungsposition zugestanden als den Kantonen. Weiter ist vorgesehen, dass „Fehlverhalten" der Kantone sanktioniert werden kann.

- *Interkantonale Zusammenarbeit mit Lastenausgleich:* Bis Mitte des 20. Jahrhunderts hat der grösste Teil der schweizerischen Bevölkerung in ein und demselben Kanton gewohnt, gearbeitet und öffentliche Leistungen in Anspruch genommen. Heute pendeln täglich Hunderttausende von Personen über Kantonsgrenzen. Dies ist in der Schweiz darum leicht möglich, weil die Kantone im Vergleich zu anderen Ländern sehr klein sind (vgl. Tabelle 3). Sie haben im Durchschnitt eine Fläche von rund 1600 km². Der kleinste Kanton (Basel-Stadt) hat sogar nur 37 km². Öffentliche Leistungen eines Gliedstaates werden daher immer häufiger auch durch Angehörige anderer Gliedstaaten in Anspruch genommen. Es entstehen *Spillovers*, das heisst räumliche externe Effekte oder Überschwappeffekte. Fehlende Mitbestimmungsrechte und unzureichende Beiträge an die Kosten von zentralörtlichen Leistungen führen zu einer suboptimalen Versorgung der Bevölkerung. Das Prinzip der fiskalischen Äquivalenz wird verletzt. Insbesondere in den Metropolitanregionen stimmen die räumlichen Kreise der Nutzniesser, Kosten- und Entscheidungsträger von öffentlichen Leistungen nicht mehr überein.

Die *Spillover-Abgeltung* ist zunächst Sache der betroffenen Gebietskörperschaften. Der Bund stellt über den NFA lediglich die dafür benötigten Instrumente zur Verfügung. Damit partnerschaftliche Lösungen zwischen gleichberechtigten Kantonen zustande kommen, müssen vom Leistungsanbieter gewisse Gegenleistungen erbracht werden: Schaffung von Kostentransparenz, Gewährung von gleichen Rechten und Pflichten für alle beteiligten Kantone sowie Institutionalisierung der Mitbestimmung durch die zahlenden Kantone. Die vorgeschlagene Lösung kann als Annäherung an die *fiskalische Äquivalenz* betrachtet werden. An die Stelle von – in der Schweiz in absehbarer Zeit politisch kaum zu realisierenden – Kantonsfusionen als institutionelle Anpassung an das Städte- und Agglomerationswachstum tritt die funktionale Lösung. Allerdings ist zu befürchten, dass die Nutzniesserkantone es vorziehen werden, weiterhin die Rolle von „Trittbrettfahrern" zu spielen. Der NFA sieht daher vor, dass der Bund auf Antrag der Kantone einen Vertragszwang ausüben kann, sofern bestimmte Voraussetzungen erfüllt sind.

| | Schweiz | Europäische Gemeinschaft (1987) | | |
| | Kantone | NUTS1 | NUTS2 | NUTS3 |
|---|---|---|---|---|
| Anzahl | 26 | 71 | 183 | 1044 |
| Einwohner (Mio.) | 0,28 | 4,9 | 1,8 | 0,4 |
| Fläche (1000 km²) | 1,6 | 35,6 | 13,3 | 2,8 |

Tab. 3: Durchschnittliche Grösse der schweizerischen Kantone im Vergleich zu Gebietseinheiten der EU; NUTS = Nomenclature des Unités Territoriales Statistiques; Beispiel für Deutschland NUTS1 = Bundesländer, NUTS2 = Regierungsbezirke, NUTS3 = Kreise

• *Finanzkraftausgleich:* Dieser als „Ressourcenausgleich" bezeichnete Finanzausgleich im strengen Sinn verfolgt ausschliesslich distributive Zielsetzungen und wird in Zukunft sauber von Allokationszielen getrennt werden – nach der Regel: für jedes Ziel ein Instrument, und zwar das jeweils am besten geeignete. Als Ersatz für den bisherigen Index der Finanzkraft, der aus einem Sammelsurium von Einzelindikatoren zusammengesetzt ist (vgl. Tabelle 4), wurde ein so genannter Ressourcenindex entwickelt. Der Ressourcenausgleich zwischen finanzstarken und finanzschwachen Kantonen soll sich neu nach dem kantonalen Steuerpotenzial richten. Im Gegensatz zu heute werden die Kantone nicht mehr in der Lage sein, durch unterschiedliche Ausschöpfung des eigenen Steuerpotenzials die Finanzkraft zu beeinflussen.

| Kriterien für die Ermittlung der Finanzkraft der Kantone | |
|---|---|
| Bisheriger Index der Finanzkraft | Ressourcenindex gemäss NFA |
| • Pro-Kopf-Einkommen<br>• Steuereinnahmen je Kantonseinwohner<br>• Steuerbelastung (reziprok)<br>• Anteil Berggebiet (reziprok) | • Steuerbares Einkommen der natürlichen Personen<br>• Steuerbares Vermögen der natürlichen Personen<br>• Steuerbarer Gewinn der juristischen Personen<br>(jeweils je Kantonseinwohner) |

Tab. 4: Bisheriger Finanzindex und neuer Ressourcenindex

- • *Finanzbedarfsausgleich:* Er besteht aus zwei Elementen.

- Über einen vom Bund finanzierten *geographischen Belastungsausgleich* wird dem unterschiedlichen Finanzbedarf der Berggebiete, der sich aus den „Kosten der Weite" wegen der dünnen Besiedelung und schwierigen naturräumlichen Verhältnisse ergibt, Rechnung getragen.

- Der ebenfalls vom Bund finanzierte *soziodemographische Belastungsausgleich* berücksichtigt finanzielle Zusatzbelastungen von Ballungsgebieten, die sich aus ihrer ungünstigen Bevölkerungszusammensetzung ergeben (Dominanz der A-Bevölkerung). Als Resultat der Sub- und Periurbanisierung (Stadtflucht) ist der Anteil von Bevölkerungsgruppen, die höhere Ansprüche an die Gemeinwesen stellen, als ihrer Steuerleistung entspricht, in Kantonen mit Grossstädten im Vergleich sowohl zum Agglomerationsumland wie auch zum nationalen Durchschnitt weit überdurchschnittlich.

- • *Härteausgleich:* Der Übergang vom alten Finanzausgleich zum bisher vorgestellten neuen System hätte für einige Kantone eine Einbusse an Finanztransfers vom Bund mit sich gebracht. Weil im Abstimmungskampf schwer zu erklären gewesen wäre, warum heute ausgesprochen finanzschwache Kantone als Verlierer der Reform erscheinen – selbst wenn dies nach den neuen Kriterien der Ressourcenkraft und der Sonderlasten gerechtfertigt ist –, hat man einen zeitlich befristeten Härteausgleich von voraussichtlich 430 Millionen Franken geschaffen. Finanziert wird er zu zwei Drittel vom Bund und zu einem Drittel von den Kantonen. Der Härteausgleich kann als Versuch interpretiert werden, die Reformgewinne fair aufzuteilen, das heisst, die Verlierer zu kompensieren.

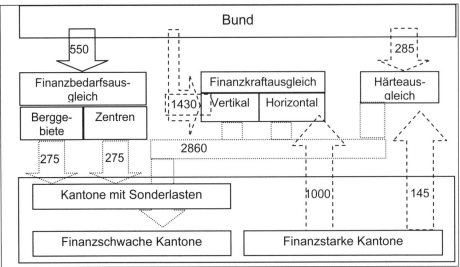

Abb. 3: Finanzflüsse gemäss Neuem Finanzausgleich (provisorische Zahlen in Mio. Franken)

Wie stark die Ausgleichswirkung des Neuen Finanzausgleichs sein soll, ist eine politische Frage. Vorgesehen ist, das Umverteilungsvolumen gegenüber heute um etwa 50 Prozent zu erhöhen, von rund 2 auf über 3 Milliarden Franken pro Jahr (1,4 bzw. 2 Mrd. Euro). (vgl. Abbildung 3).

## 5    Beurteilung des Neuen Finanzausgleichs

Eine umfassende Beurteilung des NFA ist selbstverständlich noch nicht möglich. Im November 2004 wurde lediglich den Grundsätzen auf Verfassungsstufe zugestimmt. Die Verabschiedung der Ausführungsgesetze wird ein bis zwei Jahre beanspruchen und unter Umständen eine weitere Volksabstimmung nötig machen. Wenn alles gut geht, werden 2006/07 dann noch die verschiedenen Ausgleichstöpfe frankenmässig dotiert werden müssen.

Die Auswirkungen des NFA werden davon abhängen, wie die Kantone auf die verschiedenen Transfers reagieren. Wenn ein finanzschwacher Kanton zusätzliche Mittel aus dem Finanzausgleich erhält, kann er sich auf drei Arten anpassen: Schulden zurückzahlen, Steuern senken oder Ausgaben erhöhen. Analoges gilt für die durch den NFA stärker belasteten finanzstarken Kantone. Sie können die Steuern erhöhen, die Ausgaben senken oder sich zusätzlich verschulden.

Abbildung 4 zeigt, wie die 26 Kantone durch den NFA voraussichtlich belastet beziehungsweise entlastet werden, und zwar in Prozent der eigenen Steuererträge. Daraus ist ersichtlich, dass im Grossen und Ganzen die finanzstarken Kantone per saldo stärker belastet werden. Nur Basel-Stadt, obwohl eindeutig finanz-stark, gehört nicht zu den Nettoverlierern. Der Grund ist, dass dieser Zentrums-kanton stark von der Abgeltung von soziodemographischen Sonderlasten profi-tieren wird.

Abbildung 4 umfasst lediglich die Ausgleichszahlungen. Würden zusätzlich die Auswirkungen der Neugestaltung der vertikalen und horizontalen Kooperation berücksichtigt, dürfte sich zeigen, dass praktisch alle Kantone zu den Gewinnern das NFA zu rechnen sind. Dadurch, dass sie viel mehr Transfers in Form von nicht zweckgebundenen Zahlungen erhalten als bisher, werden sie aus einem Transferfranken für die eigene Bevölkerung einen grösseren Nutzen ziehen kön-nen.

In der parlamentarischen Debatte und im Vorfeld der Volksabstimmung wurde *unterschiedlichste Kritik am NFA* laut:

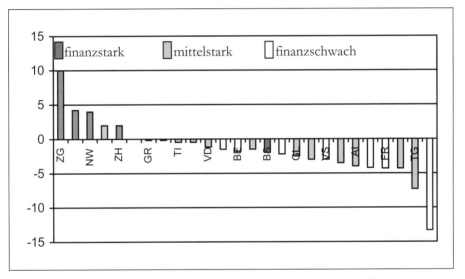

Abb. 4: Be- und Entlastung der Kantone durch den NFA (in Prozent ihrer Steuererträge)

- Die *Sozialdemokratische Partei* und die *Gewerkschaften* – generell an Einkommensumverteilung interessiert – stiessen sich daran, dass der Steuerwettbewerb zwischen den Kantonen weiterhin aufrechterhal-ten bleibt und durch den NFA bloss etwas „erträglicher" gemacht wird. Sie drohten mit einer Initiative auf Änderungen der Bundes-verfassung mit dem Ziel, die Steuerbelastungsunterschiede von plus/minus 20 Prozent des nationalen Durchschnitts einzuebnen.

- Die stärker auf Frankreich orientierte *Westschweiz* hat höhere An-sprüche an das Niveau der Versorgung mit öffentlichen Leistungen als die Deutschweizer Kantone und kritisierte, dass dieser Tatsache im NFA zu wenig Rechnung getragen würde.

- Gewisse *Juristen* hatten Bedenken, dass der Bund unter bestimmten (allerdings sehr restriktiven) Bedingungen widerspenstige Kantone bei regionalen Aufgaben zur horizontalen Kooperation und zur finanziellen Abgeltung von Spillovers zwingen kann und dass durch den NFA der kooperative Föderalismus gestärkt, anders formuliert, die Macht des Bundes geschwächt werde.

- Vor allem *Verfechter des Sozialstaates* befürchteten dessen Abbau, weil die Kantone durch die Aufgabenentflechtung mehr Kompetenzen erhalten. Sie wurden in ihrer Opposition durch die Sozialämter des Bundes und der Kantone unterstützt, die heute durch selektive Zuteilung von finanziellen Mitteln Macht ausüben können und wegen der Dezentralisation auf 26 Kantone oder des Übergangs von projektbezogenen zu pauschalen Transfers diese Macht teilweise verlieren werden.

- Die *finanzschwachen Kantone*, vor allem gewisse Bergkantone, hätten es selbstverständlich lieber gesehen, wenn die interkantonale Einkomensumverteilung noch stärker ausgefallen wäre. Sie verlagern nun ihren Kampf auf die Beibehaltung der bisher versteckten interregionalen Umverteilung im Rahmen der Regional- und Sektoralpolitiken (z.B. der Raumplanung, Verkehrs-, Umwelt- und Landwirtschaftspolitik). Im NFA ist eigentlich vorgesehen, dass diese wenig effektive und effiziente Umverteilung durch den NFA abgebaut wird. Das heisst, die Regional- und Sektoralpolitiken sollen gezielt auf Allokations- und Wachstumsziele ausgerichtet werden.

- Einige *finanzstarke Kantone* kämpften gegen den NFA, weil sie sich als zu stark belastet fühlten und ihre internationale Wettbewerbsfähigkeit bedroht sahen. Es waren denn auch die drei Kantone Zug, Schwyz und Nidwalden, die durch den NFA am stärksten belastet werden (vgl. Abbildung 4), welche in der Volksabstimmung eine Nein-Mehrheit erzielten.

Wie eingangs gezeigt, haben diese Kritiken nicht verfangen. Eine deutliche Mehrheit der Stimmenden und der Kantone haben dem NFA zugestimmt.

Interessant ist auch folgende Einschätzung des NFA durch die OECD: „Die NFA-Reformen bringen regionale Disparitäten auf ein international vergleichbares Niveau und erhöhen zugleich die finanzielle Autonomie der Kantone. Mit der Möglichkeit, Kantone zur Zusammenarbeit zu verpflichten, betritt die Schweiz Neuland innerhalb der OECD. Deshalb und vor dem Hintergrund ihrer bisherigen Erfahrungen könnte sie eine führende Rolle bei der Förderung horizontaler Zusammenarbeit übernehmen."

Aus meiner persönlichen Sicht gelange ich zu folgender Beurteilung der „Neugestaltung des Finanzausgleichs und der Aufgabenteilung zwischen Bund und Kantonen":

- Der NFA ist ein wichtiger und nötiger Schritt in Richtung Stärkung des schweizerischen Föderalismus.

- Er macht den interkantonalen Steuerwettbewerb „erträglich".

- Es braucht weitere Föderalismusreformen, weil die Kantonsgrenzen grösstenteils 1815 durch den Wiener Kongress festgelegt wurden und die Kantone kaum mehr den heutigen Lebens- und Wirtschaftsregionen entsprechen.

## Literatur

Blöchliger, Hansjörg/Schneider, Michel (2005): *Baustelle Föderalismus*, Zürich: Verlag NZZ (Studie Avenir Suisse).

Flückiger, Hans/Frey, René L., Hrsg. (2001): *Eine neue Raumordnungspolitik für neue Räume*, Zürich: ORL-Institut.

Frey, Bruno S. (1997): *Ein neuer Föderalismus für Europa. Die Idee der FOCJ*, Tübingen: Mohr Siebeck.

Frey, René L. (1977): *Zwischen Föderalismus und Zentralismus. Ein volkswirtschaftliches Konzept des schweizerischen Bundesstaates*, Bern: Lang.

Frey, René L. et al. (1994): *Der Finanzausgleich zwischen Bund und Kantonen. Gutachten*, Bern: EFV/FDK.

Frey, René L./Schaltegger, Christoph A. (2001): *Ziel- und Wirkungsanalyse des Neuen Finanzausgleichs. Gutachten*, Bern: EFV/FDK.

Hirschman, Albert O. (1970): *Exit, Voice, and Loyalty. Responses to Decline in Firms, Organizations, and States*, Cambridge: Cambridge University Press.

Konferenz der Kantonalen Finanzdirektoren (1992): *Finanzausgleich und Orientierungsrahmen für die künftige Ausgestaltung des bundesstaatlichen Finanzausgleichs*, Luzern: FDK.

Oates, Wallace E. (1972): *Fiscal Federalism*, New York: Harcourt.

Schaltegger, Christoph A./Frey, René L. (2003): *Finanzausgleich und Föderalismus: Zur Neugestaltung der föderalen Finanzbeziehungen am Beispiel der Schweiz*, Perspektiven der Wirtschaftspolitik, Bd. 4, Heft 2, S. 239-258.

Schweizerischer Bundesrat (2001): *Botschaft zur Neugestaltung des Finanzausgleichs und der Aufgaben zwischen Bund und Kantonen (NFA),* vom 14. November 2001.

Wagschal, Uwe/Rentsch, Hans, Hrsg. (2002): *Der Preis des Föderalismus,* Zürich: Orell Füssli (Studie Avenir Suisse).

http://www.efv.admin.ch

http://www.nfa.ch

# Zur Konsensfähigkeit des Neuen schweizerischen Finanzausgleichs – Korreferat zu René L. Frey

Marc Seiler[*]

1 Einleitung.................................................................................87

2 Bürgersouveränität als Indikator für die Leistungsfähigkeit
demokratischer Gemeinwesen ................................................89

3 Zur Konsensfähigkeit des Finanzausgleichs ..........................90

4 Zusammenfassung der Ergebnisse ..........................................94

Literatur .................................................................................95

## 1 Einleitung

Mit seinem Beitrag „Neukonzeption des schweizerischen Finanzausgleichs" liefert René L. Frey umfangreiche Einblicke in die Änderung der schweizerischen Bundesverfassung mit dem Ziel einer Neugestaltung des dortigen Finanzausgleichs. Dabei gelangt Frey zu der Einschätzung, der NFA sei „ein wichtiger und nötiger Schritt in Richtung Stärkung des schweizerischen Föderalismus" (85)[1]. Allerdings erscheint auf den ersten Blick aus zwei Gründen eine kritische Haltung gegenüber dieser Einschätzung angebracht:

---

[*] Marc Seiler ist externer Doktorand am Institut für Öffentliche Finanzen, Wettbewerb und Institutionen der Humboldt Universität Berlin.

[1] Zitate oder Verweise ohne Angaben des Erscheinungsjahres beziehen sich auf den Beitrag in diesem Band.

Zum einen liegt angesichts des geringen politischen Widerstandes gegen die Verfassungsmodifikation[2] der Verdacht nahe, der wissenschaftliche Vorschlag um Frey diene ausschließlich zur Legitimation einer *politisch erwünschten* Veränderung der Aufteilung der Kompetenzen im föderalen System. Der NFA wäre dann als Beratungsleistung im Sinne einer *Politiker*beratung zu verstehen.[3] Kern der Forschungsergebnisse der *Public-Choice*-Schule ist jedoch gerade die Erkenntnis, dass politische und ökonomische Rationalität in aller Regel nicht deckungsgleich sind. Vielmehr stellen privilegierende Maßnahmen zur Maximierung der Wiederwahlchancen die dominante politische Strategie dar. Dies begründet die Vermutung, der NFA stoße nur deshalb nicht auf große politische Widerstände, weil mit ihm eine Vergrößerung der politisch erwünschten diskretionären Handlungsspielräume zur Verfolgung politischer Ziele einherginge. Leidtragende der Verfassungsänderung wären dann die Schweizer Bürger, deren Interessen der NFA strikt zuwider liefe.

Zum anderen könnte auch die Tatsache, dass beinahe alle Kantone zu den Gewinnern des neuen Finanzausgleichs gehören, eine misstrauische Haltung gegenüber den neuen Ansätzen begründen. Denn angesichts dieses Ergebnisses erscheint der Verdacht berechtigt, die *ökonomische Sinnhaftigkeit* des Vorschlags für den NFA sei unter Umständen zum Teil zu Gunsten der *politischen Konsensfähigkeit* konterkariert, der NFA also wider ökonomischer Rationalität im Sinne einer allgemeinen Zustimmungsfähigkeit modifiziert worden. Dies gilt insbesondere deshalb, weil jeder Kanton zumindest ungefähr die Auswirkungen der Verfassungsmodifikation auf die eigene Finanzstärke nach Finanzausgleich errechnen kann und die individuellen Wahlhandlungen auf der *Verfassungsebene* deshalb stark von den Interessen auf der nachgelagerten *Handlungsebene* beeinflusst sein werden.[4]

Im vorliegenden Kommentar soll daher der Frage nachgegangen werden, inwieweit sich dieser zunächst nahe liegende Verdacht bei genauerer Betrachtung bewahrheitet. Zu diesem Zweck wird auf einer vertragstheoretischen Basis geprüft, ob der NFA in der von Frey vorgestellten Form hypothetisch auch aus einem *einstimmigen* Vertrag *aller* Schweizer Bürger hervorgegangen sein könnte.

---

[2] Als einzige Partei führt Frey die *Sozialdemokratische Partei* an, deren Vorbehalte allerdings eher als generelle Einwände gegen den Steuerwettbewerb zu verstehen sind.

[3] Siehe zur Unterscheidung zwischen *Politik-* und *Politiker*beratung Cassel (2001) sowie zur politischen Ökonomie der Politikberatung Kirchgässner (1988; 1998).

[4] Einigungen über eine Modifikation bestehender Bestandteile einer Verfassung lassen sich aber vor allem dann umsetzen, wenn die Spieler im von diesen Regeln betroffenen Spiel Unsicherheiten bezüglich der späteren Position im Spiel aufweisen, sie deshalb hinter einem „Schleier der Unsicher- oder Ungewissheit" wählen.

## 2 Bürgersouveränität als Indikator für die Leistungsfähigkeit demokratischer Gemeinwesen

Geht man – im Gegensatz zur organischen Auffassung – in der Tradition des klassischen Liberalismus von Kantonen und Gemeinden als mitgliederbestimmten Bürgerverbänden aus, die nicht aus sich heraus existieren, sondern durch die Handlungen aller Mitglieder bestimmt sind, haben diese als Territorialverbände ausschließlich den Interessen der Bürger als Letztsouveräne zu dienen. Daraus folgt eine kritische Haltung gegenüber der in der Wohlfahrtsökonomik gängigen analytischen Herleitung optimaler Politikoptionen und wünschenswerter Ausgestaltungen von Gemeinwesen auf Basis *externer* Bewertungskriterien. Vielmehr muss eine Analyse derartiger Fragestellungen aus liberaler Sicht gemäß dem normativen Individualismus vom Einzelnen ausgehen. Nur im Falle einer *konsensfähigen Lösung* lässt sich kollektives Handeln auch aus vertragstheoretischer Sicht legitimieren.

Inwieweit die Neukonzeption des Schweizerischen Finanzausgleichs als wünschenswerte Verfassungsmodifikation bewertet werden kann, hängt – diesem Verständnis gebietskörperschaftlicher Gebilde folgend – allein davon ab, ob der von dieser ausgehende Einfluss auf die Leistungsfähigkeit des demokratischen Gemeinwesens eine verbesserte Erfüllung der Bürgerinteressen zur Folge hat. Doch wann ist von einer solchen auszugehen?

Weil sowohl auf der Verfassungs- als auch auf der Handlungsebene die Legitimation einer Umsetzung der vom Ökonom generierten Empfehlungen lediglich durch *faktische* Zustimmung der Bürger in Form von Wahlhandlungen erfolgen kann,[5] gewinnt der Wert der Freiheit besondere Bedeutung. Wahlhandlungen lassen sich *nur dann* als echte Willensbekundungen identifizieren, wenn die Wahlhandlungen *freiwillig* – also in Abwesenheit von Zwängen[6] – erfolgen. Der Grad der Freiwilligkeit einer Wahlhandlung ist eine Funktion der individuellen Freiheitsräume. Er ist als Pendant zum marktlichen Effizienzkriterium bei der Frage nach der Wirksamkeit demokratischer Gemeinwesen anzusehen, im Ergebnis Entscheidungen hervorzubringen, die den Willen der Bürger abbilden. Die Ausprägung der individuellen Freiheiten determiniert infolgedessen sowohl die Leistungsfähigkeit demokratischer Gemeinwesen, den Wünschen und Interessen ihrer Mitglieder zu dienen, als auch den erzielbaren Grad der Bürgersouveränität.

---

5 Dies kann entweder *explizit* in Form individueller Entscheidungen bei Wahlen oder aber durch *implizite* Zustimmung zu einem gegebenen Regelset durch freiwillige Unterwerfung unter das geltende oder ein alternatives Regelset geschehen.

6 Hayek (1991: 14) charakterisiert Freiheit als „Zustand, in dem ein Mensch nicht dem willkürlichen Zwang durch den Willen eines anderen oder anderer unterworfen ist …".

Bereits 1896 gelangt Knut Wicksell in seinen viel zitierten *Finanztheoretischen Untersuchungen* zu der Erkenntnis, Zwang sei „an sich immer ein Uebel" (1896: 114). Auch Frey (2005: 24) befindet, „Zwang ist keine elegante Lösung". Deshalb wird es hypothetisch aus Sicht der Schweizer Bürger vordringliches Ziel einer (Neu-) Gestaltung des schweizerischen Finanzausgleichssystems sein, mit diesem existente Zwänge so gut als irgend möglich zu eliminieren und durch ein möglichst hohes Maß an individueller Freiheit freiwillige Entscheidungen sicherzustellen. Doch wie ist vor diesem normativen Hintergrund der von Frey vorgeschlagene Lösungsansatz zu bewerten?

# 3    Zur Konsensfähigkeit des Finanzausgleichs

Zunächst kann Frey beigepflichtet werden, der eine Orientierung am Subsidiaritätsprinzip bei der Zuordnung politischer Kompetenzen im schweizerischen Gemeinwesen und den damit verbundenen Steuerwettbewerb als überwiegend positiv zu bewertendes Phänomen einstuft. Dies hat aus vertragstheoretischer Sicht im Wesentlichen zwei Gründe:

Erstens birgt der Jurisdiktionenwettbewerb hinsichtlich der Quellen der Gefährdung individueller Freiheit eine Art doppelte Dividende. Zum einen steht dem Bürger die Möglichkeit offen, sich bei Unzufriedenheit bzgl. der Politik der hoheitlichen Gewalt des betreffenden Kantons durch Abwanderung zu entziehen. Die Möglichkeit einer Ausnutzung dieser *exit*-Option (Hirschmann 1970) schützt Verlierer des gesamtgesellschaftlichen Privilegierungsdilemmas vor einer möglichen Zwangsmitgliedschaft im gebietskörperschaftlichen Kollektiv. Dies zwingt politische Agenten auf eine privilegierende Umverteilungspolitik zu verzichten und ihre Politik an den Interessen und Wünschen der Bürger auszurichten. Zum anderen stärkt eine glaubwürdige Abwanderungsoption das innerkantonale Mitbestimmungsrecht (*voice*-Option) zur Kontrolle der politischen Akteure. Auch dies trägt zu mehr Effizienz bei der Bereitstellung öffentlicher Leistungen bei.

Zweitens ergeben sich für den Jurisdiktionenwettbewerb in Analogie zum marktlichen Wettbewerbsprozess Tendenzen zur Schaffung und Verbreitung neuen Wissens. Durch die Wanderung mobiler Faktoren werden echte Nachfragerpräferenzen offenbart (Tiebout 1956), die institutionellen Arrangements der unterschiedlichen Regierungen von ebendiesen Faktoren permanent bewertet und als überlegen angesehene fiskalische Angebote belohnt. Das wettbewerbliche Entdeckungsverfahren (Hayek 1968) zwingt die Kantone zur Imitation erfolgreicher Problemlösungen anderer Kantone und zu eigenen innovativen Problemlösungsstrategien, um nicht zu den Verlierern im zwischenkantonalen Wettbewerbs zu gehören und von den Bürgern infolgedessen abgewählt zu werden.

Diese Kontroll-, Präferenzoffenbarungs- und Wissen generierenden Eigenschaften des zwischenkantonalen Wettbewerbs vermögen den in geschlossenen Gebietskörperschaften existenten Zwängen durch eine unfreiwillige Mitgliedschaft auf Grund der Nichtexistenz wahrnehmbarer Alternativen oder einer prohibitiv teuren Alternativenwahl entgegen zu wirken und einem Höchstmaß an Bürgersouveränität zuzutragen.

Allerdings, so Frey (72), funktioniere der wettbewerbliche Mechanismus zur Aufdeckung der individuellen Präferenzen für öffentliche Güter nur unter gewissen Bedingungen, zu denen neben einer hinreichenden Ausnutzung von *Größenvorteilen* bei der Herstellung von öffentlichen Gütern auch die Abwesenheit fiskalischer *Spillovers* zu zählen sei. Auf Grund der sehr geringen Größe der Kantone und der dramatisch zunehmenden Wanderungsbewegungen der Schweizer Bürger über die Kantonsgrenzen hinweg sei sowohl mit einer Nicht-Ausnutzung möglicher Größenvorteile als auch mit einer Verletzung der fiskalischen Äquivalenz zu rechnen. Letzteres führe zu Trittbrettfahrverhalten von Personen aus angrenzenden Kantonen und damit zu institutionellem Handlungsbedarf, der sich auf Grund des weder effizienten noch notwendigen Charakters einer solchen Maßnahme nicht in einer zunehmenden Zentralisierung niederschlagen dürfe.

Diese Einschätzung von Frey lässt sich auch vertragstheoretisch begründen. Eine *ausbleibende* institutionelle Bekämpfung von Trittbrettfahrverhalten kann deshalb niemals dem Konsenskriterium genügen, weil die die Kosten eines solchen Verhaltens zahlenden unbeteiligten Dritten einer Fortführung des institutionellen Status Quo niemals zustimmen würden. Das bei anderen zu Zwängen in Form von *forced carrying* führende Verhalten bahnt den Weg in eine kollektive Schlechterstellung und lässt hypothetisch einen einstimmigen Beschluss aller Schweizer *für* eine Bekämpfung dieses Defektes wahrscheinlich erscheinen.

Auch die negative Haltung von Frey gegenüber einer Zentralisierungslösung als möglichem Ausweg aus dem Trittbrettfahrdilemma lässt sich vertragstheoretisch stützen. Obwohl eine zunehmende Zentralisierung deshalb das *politische* Rationalkalkül abzubilden vermag, weil die mit ihr einhergehende Kompetenzerweiterung bei der Zentralregierung einer Erweiterung der politischen Missbrauchsräume gleichkommt und sich die Kantone von einer solchen Lösung eine Mitfinanzierung der eigenen öffentlichen Leistungen durch andere Kantone erhoffen, so wird sie doch niemals im aufgeklärten Interesse der von dieser Entscheidung betroffenen Bürgerschaft sein. Dies hängt damit zusammen, dass gerade eine Zentralisierung zu einer Verletzung der fiskalischen Äquivalenz führt.

Selbiges gilt auch für den von Frey identifizierten Bedarf, den heutigen schweizerischen Finanzausgleich zu reformieren. Angesichts des „unsystematischen, undurchsichtigen und nicht mehr steuerbaren" (75) Charakters des derzeitigen Ausgleichssystems und den zunehmenden Verbundelementen zwischen Bund und Kantonen auf der Aufgaben- und Ausgabenseite ist eine massive Einschränkung der Funktionsweise des zwischenkantonalen Steuerwettbewerbs zu diagnostizieren. Insbesondere die politische Kontrollfunktion des fiskalischen Wettbewerbs dürfte unter der Verantwortungsdiffusion auf der politischen Ebene leiden. Nur mit Hilfe einer institutionellen Wiederherstellung des positive Eigenschaften aufweisenden zwischenkantonalen Steuerwettbewerbs ließe sich ein Höchstmaß an Bürgersouveränität sicherstellen.

Wenngleich sich somit hinsichtlich der Frage nach der *Notwendigkeit* einer institutionellen Reform aus vertragstheoretischer Sicht hypothetisch allgemeine Zustimmung herleiten lässt, so muss sich diese dennoch nicht auch auf den von Frey eingeschlagenen Reformansatz beziehen. Ob auch die konkrete *Ausgestaltung* des NFA hypothetisch aus einem einstimmigen Vertrag aller Schweizer Bürger hervorgegangen sein könnte, wird im Folgenden geprüft.

Das Reformpaket des NFA beinhaltet zunächst eine intendierte Entflechtung der Aufgaben im Sinne des Subsidiaritätsprinzips. Eine solche wirkt der politischen Verantwortungsdiffusion entgegen, ermöglicht eigenverantwortliches Experimentieren im Wettbewerb und begünstigt institutionelle Kongruenz. Die *Aufgabenentflechtung* stärkt die wettbewerblichen Prozesse und bildet damit auch die konstitutionellen Interessen der relevanten Bürgerschaft ab.

Im Falle eines regional nicht abgrenzbaren Nutzerkreises bestehen jedoch weiterhin Spillovers, die im Falle einer Nicht-Internalisierung eine Unterversorgung mit öffentlichen Gütern begründen und deshalb den Bürgerinteressen strikt zuwider laufen. Sowohl für den Fall einer deshalb erforderlichen vertikalen Zusammenarbeit zwischen Bund und Kantonen als auch im Falle einer interkantonalen Zusammenarbeit schlägt Frey eine *funktionale Lösung* vor. Während bei Aufgaben mit nationalen Anliegen die Aufteilung der Rechte und Pflichten beider Vertragspartner Inhalt partnerschaftlicher Verhandlungen sein werden, sollen räumliche externe Effekte zwischen einzelnen Kantonen durch eine ebenfalls partnerschaftlich auszuhandelnde *Spillover-Abgeltung* internalisiert werden.

Die von Frey identifizierten Vorteile lassen sich auch aus vertragstheoretischer Sicht stützen und den eingeschlagenen Weg als konsensfähig qualifizieren. Weil die operativ für die Umsetzung verantwortlichen Kantone vom Bund lediglich einen fixen Betrag für spezifische Programme von nationalem Interesse erhalten, begünstigt diese Form der vertikalen Zusammenarbeit eine effizientere Mittelverwendung. Die dadurch gestärkte Eigenverantwortung der Kantone und die verbesserte wettbewerbliche Kontrollfunktion lassen hier auf allgemeine Zustimmung schließen. Auch die vertragsbasierte Internalisierung bestehender externer Effekte zwischen den Kantonen ist beim NFA im Sinne der Bürger ausgestaltet. Dies hängt im Wesentlichen damit zusammen, dass auf zentralstaatliche Intervention verzichtet wird und nur durch Verhandlungen zwischen den fiskalische Arrangements anbietenden Kantonen eine wettbewerbskonforme Annäherung an die intendierte fiskalische Äquivalenz erfolgt. Bemerkenswert ist in diesem Zusammenhang vor allem der eingeschlagene Weg zur Lösung des Problems, dass aus Sicht der Nutznießer-Kantone Anreize bestehen, sich einer Verhandlungslösung zu widersetzen. Hier sieht der NFA einen Vertragszwang vor. Trotz der Tatsache, dass Zwänge auf der Handlungsebene niemals im konsensfähigen Interesse der Bürger zu sein vermögen, scheint institutioneller Zwang auf der Regelebene, freiwillige Verträge[7] abzuschließen, bei der Bekämpfung von Trittbrettfahrverhalten durchaus das Bürgerinteresse abbilden.[8]

Neben der zumindest hypothetisch zustimmungsfähig ausgestalteten Bekämpfung der *allokativen* Schwächen eines unregulierten zwischenkantonalen Steuerwettbewerbs beinhaltet der NFA aber auch Bestandteile ausschließlich *distributiver* Zielsetzung. Diese vermögen dem Konsenskriterium nur dann genügen, wenn sie als Versicherung gegen auf Märkten nicht versicherbare Risiken anzusehen sind oder aber aus Sicht aller Bürger einen Nutzenvorteil mit sich bringen.

Zunächst schlägt Frey einen *Finanzkraftausgleich* vor, der sich im Gegensatz zur bisherigen Ausgestaltung ausschließlich nach dem Steuer*potenzial*, nicht mehr hingegen nach dem Steuer*aufkommen* bemisst. Wenngleich auch ein geringes Steuerpotential das Ergebnis falscher kantonaler Handlungen im Wettbewerb darstellen kann, so sind die Kantone durch die Neuregelung dennoch nicht länger in der Lage, die Höhe der Transferzahlungen durch eine gezielte Ausschöpfung des eigenen Steuerpotenzials zu beeinflussen. Der NFA mindert somit bisher existente Fehlanreize und stärkt den zwischenkantonalen Wettbewerb gegenüber der bisherigen Lösung. Der deshalb zu diagnostizierende Konsenscharakter einer solchen Regelung bezieht sich auch auf das zweite Element des *Finanzbedarfsausgleichs*. Sowohl geographisch als auch soziodemographisch bedingte Unterschiede der kantonalen Finanzkraft entziehen sich dem direkten Einflussbereich der handelnden Akteure; eine institutionelle Nivellierung zur Erzielung von Chancengleichheit vermag die Zustimmung aller Schweizer genießen.

Auch der tatsächlich zur Kompensation der Verlierer und zur Sicherung der Konsensfähigkeit des NFA geschaffene *Härteausgleich* ändert an dieser positiven Beurteilung des NFA nichts. Gegen eine zeitlich befristete Kompensation der Verlierer durch eine Aufteilung der Reformgewinne in diesem Sinne spricht solange nichts, wie sie die Zustimmung aller Schweizer genießt. Von dieser ist dann auszugehen, wenn die Leistungsfähigkeit des zwischenkantonalen Wettbewerbs unter den Kompensationszahlungen nicht leidet und die Aufteilung der Reformgewinne auch bei jenen *nach* Kompensationszahlungen einen Nettonutzenvorteil gewährleistet, die die Kompensationslast tragen. Von beidem ist angesichts der

---

[7] Der Grad der Freiwilligkeit, dem entsprechenden Vertrag beizutreten, wird aber zum Teil durch den Vertragszwang eingeschränkt, weil bereits der Zwang zur Verhandlungslösung eine Einschränkung der Freiheitsräume auf der Handlungsebene mit sich bringt.

[8] Frey (2005: 25) vermutet allerdings, „dass solcher Zwang nur in seltenen Fällen nötig sein wird. Die Kantone werden vielmehr versuchen, Spillover-bedingte Probleme selbst auf dem Verhandlungswege zu lösen."

durch den NFA eliminierten Fehlanreize im Wettbewerb und den errechneten kantonalen Nettovorteilen im vorliegenden Fall auszugehen. Kompensationszahlungen stellen die *Voraussetzung* für eine Realisierung der Reformgewinne dar und genießen deshalb – zumindest hypothetisch – auch die Zustimmung der Zahler.

# 4 Zusammenfassung der Ergebnisse

Zusammenfassend lässt sich festhalten, dass sich der zunächst nahe liegende Verdacht einer Modifikation des schweizerischen Finanzausgleichs im Sinne der politischen Akteure bei näherer Betrachtung nicht bewahrheitet hat. Das Gegenteil ist der Fall: Der NFA begründet eine höhere Autonomie der Kantone und stärkt deshalb vor allem die wettbewerblichen Eigenschaften im Hinblick auf die Kontrolle der politischen Akteure. Bemerkenswert ist in diesem Zusammenhang vor allem der eingeschlagene Weg, die unterschiedlichen Vertragspartner zu einer *freiwilligen* Verhandlungslösung zu *zwingen*, um Trittbrettfahrverhalten zu vermeiden und allokative Effizienz zu sichern. Auch die distributiven Elemente des NFA rechtfertigen keine Bestätigung des Verdachtes, die ökonomische Rationalität der konstitutionellen Regelung sei den Interessen der Kantone auf der subkonstitutionellen Ebene geopfert worden. An dieser Tatsache ändert auch der explizit zur Kompensation der Verlierer entwickelte Härteausgleich nichts, weil durch diesen eine Realisierung der Reformgewinne erst möglich wird.

Auch auf Basis des Konsenskriteriums lässt sich abschließend die positive Einschätzung von Frey teilen, weil existente Zwänge durch Spillovers, unausgenutzte Größenvorteile und politische Missbrauchsräume mit dem NFA gegenüber dem bisherigen Finanzausgleichssystem deutlich reduziert werden. Zumindest von wissenschaftlicher Seite lässt sich somit feststellen, dass der NFA *hypothetisch* das konstitutionelle Interesse *aller* Schweizer abbildet. Dass bei der diesbezüglichen Volksabstimmung 2004 mehr als 35 Prozent der Schweizer *gegen* die Neugestaltung des Finanzausgleichs votiert haben, kann entweder auf uninformiertes Abstimmungsverhalten oder auf die – bereits erwähnte – weitreichende Antizipation der Regelmodifikation auf das Ergebnis des zwischenkantonalen Wettbewerbs zurückgeführt werden.

Wenngleich es Frey „fern [liegt], den Deutschen irgendwelche Ratschläge zu erteilen" (70), so erscheint vor dem Hintergrund dieses positiven Urteils bei der aktuell neu angefachten Diskussion um eine deutsche Föderalismusreform ein Blick in die Schweiz äußerst lohnenswert.

# Literatur

Cassel, Susanne (2001): *Politikberatung und Politikerberatung: Eine institutionenökonomische Analyse der wissenschaftlichen Beratung der Wirtschaftspolitik*, Bern et al.: Haupt.

Frey, René L. (2005), *„Zwang ist keine Elegante Lösung"* – Interview anlässlich seins *Vortrages zur Neukonzeption des schweizerischen Finanzausgleichs*, ZFW, H. 2 (2005), S. 24-26.

Hayek, Friedrich A. von (1968), *Der Wettbewerb als Entdeckungsverfahren*, Kieler Studien, Bd. 56 N.F.

Hayek, Friedrich A. von (1991), *Die Verfassung der Freiheit*, 3. Aufl., Tübingen: Mohr Siebeck.

Hirschman, Albert O. (1970): *Exit, Voice, and Loyalty. Responses to Decline in Firms, Organizations, and States*, Cambridge: Cambridge/Mass.: Harvard University Press.

Kirchgässner, Gebhard (1988), *Politik und Politikberatung aus Sicht der Neuen Politischen Ökonomie*, liberal, 30, H. 2, S. 41-49.

Kirchgässner, Gebhard (1998), *Zur politischen Ökonomie der wirtschaftspolitischen Beratung*, in: Rolf Ackermann et al. (Hrsg.), Offen für Reformen? Institutionelle Voraussetzungen für gesellschaftlichen Wandel im modernen Wohlfahrtsstaat, Baden-Baden: Nomos, S. 161-183.

Tiebout, James (1956), *A Pure Theory of Local Expenditures*, Journal of Political Economy, No. 64, S. 416-424.

Wicksell, Knut (1896), *Finanztheoretische Untersuchungen nebst Darstellung und Kritik des Steuerwesens in Schweden*, Jena: Fischer.

# Angst und Furcht – Begleiterinnen der Freiheit[1]

## Guy Kirsch[*]

## 1

Durch die wirtschaftswissenschaftliche Literatur geistert, bis in die jüngste Zeit weitgehend unangefochten, ein etwas eigenartiges Wesen: der homo oeconomicus. Getrieben durch offenkundig problemlos gegebene Bedürfnisse bewegt sich dieses Wesen in einer Welt, die es nur soweit wahrnimmt, wie sie Ressourcen zur Bedürfnisbefriedigung bereithält oder aber als „constraint" dieser Befriedigung entgegensteht. Wäre dieses Wesen nicht geschlechtslos, so könnte man von einem „Mann ohne Eigenschaften" sprechen; dies deshalb, weil es ein Wesen ohne Leidenschaften ist. In der Tat: Keine Gefühle und keine Leidenschaften stören den Ablauf des auf die Bedürfnisbefriedigung in einer geizigen Welt ausgerichteten rationalen Optimierungskalküls. Der „homo oeconomicus" – ein menschgewordener Algorithmus, dem die natürliche Welt nur soweit etwas bedeutet, wie sie für seine Bedürfnisbefriedigung von Interesse ist, und der seine Mitmenschen nur dann wahrnimmt, wenn sie als Träger von Ressourcen, gar selbst als Ressourcen im Dienste seiner Bedürfnisbefriedigung instrumentalisiert werden können bzw. wenn sie dieser Bedürfnisbefriedigung im Wege stehen. Gefühle wie Mitleid oder Missgunst, Wohlwollen oder Feindschaft, Neid oder Mitfreude sind ihm ebenso fern wie die Leidenschaften des Hasses oder der Liebe. Der Sinn für Fairness geht ihm genau so ab, wie ihm Destruktivität und Urvertrauen fremd sind.

Inzwischen aber entsteht diesem Wesen ohne Eigen- und Leidenschaften ein Herausforderer: Die Wirtschaftswissenschaft ist dabei, das ihrer Theorie zugrun-

---

[1] Wir bedanken uns auf diesem Wege beim Verlag Neue Züricher Zeitung für die Abdruckrechte des Artikels. „Angst und Furcht - Begleiterinnen der Freiheit" ist ursprünglich in: Guy Kirsch (Hrsg.), Angst vor Gefahren oder Gefahren durch Angst, Verlag Neue Zürcher Zeitung, Zürich 2005 veröffentlicht.

[*]Prof. Dr. Guy Kirsch ist Direktor des Seminars für Neue Politische Ökonomie an der Université de Fribourg.

deliegende Menschenbild anzureichern. Man ist versucht zu sagen, dass – nachdem an ihren Anfängen die Reduzierung der Leidenschaften auf Interessen gestanden hatte – die Ökonomie nunmehr, von den Interessen ausgehend, die menschlichen Leidenschaften wiederentdeckt. Neben das „self-interest" tritt als Handlungsmotiv das „interest in one's own self"; die Aufmerksamkeit richtet sich nicht mehr nur auf ressourcen- und constraints-fixierte interindividuelle Kooperationen bzw. Konflikte; zunehmend finden auch personenbezogene emotionale Beziehungen Beachtung.

# 2

Allerdings scheint *ein* Gefühlskomplex – wenigstens vorerst – noch ausgeblendet zu werden: die Angst und die Furcht. Dies ist verständlich, nicht aber ist es unbedingt verständig. Es ist gleich aus mehreren Gründen verständlich: Bis in die jüngere Vergangenheit mochte die das Wirtschaftswachstum anfeuernde und von diesem angeheizte Erfolgseuphorie die Gefühle von Angst und Furcht – so sie denn lebendig waren – übertönt haben. Auch schien es überdeutlich, dass diese Gefühle wohl in den Diktaturen des real existierenden Sozialismus das Leben der Menschen weitgehend prägten, es sich aber in den liberal-demokratischen Rechtsstaaten ohne Angst und Furcht leben liess. Man mochte also der Ansicht sein, dass sich die Analyse von Angst und Furcht in einer freiheitlichen Ordnung erübrigt.

Dies ist dabei sich zu ändern. Es zeigt sich nämlich immer deutlicher, dass es wenig verständig ist, das Angst- und das Furchtgefühl zu übergehen; zu deutlich prägen sie auch in unserer Gesellschaft das Lebensgefühl vieler Menschen. Der Lärm einer sich an den eigenen Erfolgen berauschenden Wirtschaft ist abgeklungen; die sich häufenden Misserfolgserlebnisse, der allgegenwärtige Anblick des Scheiterns tragen zu einer Sensibilisierung für die Ungesichertheit des Lebens und damit für die Regungen von Angst und Furcht bei. Und weil es in nächster Nähe keine Diktaturen mehr gibt, können unsere eigenen Gefühle der Angst und der Furcht nicht mehr so einfach nach aussen projeziert werden. Kein Wunder also, dass wir uns hier und heute selbst als die Opfer von Angst und Furcht entdecken.

Es wäre in dieser Situation höchst unverständig, wenn die Wirtschaftswissenschaft dies in ihrer Analyse nicht berücksichtigen wollte; dies um so mehr als sie durchaus in der Lage ist, zu diesem Thema etwas beizutragen. In der Tat wird sich im folgenden zeigen, dass auch eine liberale Gesellschaft sich in weiten Teilen besser verstehen lässt, wenn man berücksichtigt, dass es in ihr Menschen gibt, die selbst Angst haben, die anderen Angst machen, die als Angstverstärker bzw. als Angstverbreiter ihre Geschäfte machen; auch lassen sich einige Einblicke in die Dynamik einer liberalen Ordnung gewinnen, wenn man ausdrücklich beachtet, dass wir nicht nur Angst haben (müssen), sondern dass wir uns auch fürchten (wollen).

## 3

Mit der letzten Bemerkung ist auf die Notwendigkeit begrifflicher Klarheit, hier der konzeptionellen Unterscheidung von Angst und Furcht, verwiesen.

In den weiteren Überlegungen wird es sich nämlich als zweckmässig erweisen, zwischen der Angst und der Furcht zu unterscheiden: Während die *Angst* ein diffuses Gefühl der Bedrohung ist, besteht die *Furcht* in dem Gefühl einer identifizierten oder doch wenigstens identifizierbaren Gefährdung. Man fürchtet sich vor etwas; doch hat man schlicht Angst. Wer sich vor etwas fürchtet, hat keine Angst; und wer Angst hat, weiss nicht, vor was er sich fürchten soll. Dabei mag der Übergang zwischen der Angst und der Furcht fliessend sein: Mit steigender Konkretisierung der Bedrohung steigt die Furcht und sinkt die Angst. Umgekehrt gilt, dass in dem Masse, wie eine konkrete Bedrohung zu einer undefinierten Gefährdung wird, die Furcht in Angst umschlägt. Angst hat man vor dem Namen- und Gesichtslosen; nur was man nennen und kennen kann, eignet sich als Furchtobjekt. Rumpelstilzchen verliert seinen angstauslösenden Schrecken, sobald jemand seinen Namen in Erfahrung bringt; mag man sich auch dann noch vor ihm fürchten, so verursacht es doch keine Angst mehr.

Wenn nun die Unterscheidung zwischen Angst und Furcht Sinn macht, dann stellt sich die Frage, ob und warum die Menschen Angst haben. Es stellt sich auch die Frage, wie es hier und heute um die Angst bestellt ist. Es stellt sich schliesslich die Frage, ob, warum und wie die Menschen ihre Angst in Furcht transformieren.

## 4

Es dürfte ausser Frage stehen, dass die Angst gegenwärtig nicht nur ein Thema in den Lifestyle-Journalen und in den Lehrbüchern der Psychologie und der Psychiatrie, sondern für viele eine erfahrbare Realität ist. Über die Gründe hierfür kann man Hypothesen aufstellen. Plausibel dürfte folgende sein: Als Folge der mit dem Modewort Globalisierung angesprochenen Entwicklung erleben viele von uns, dass die für ihr Leben, ihr Wohlleben und ihr Überleben relevante natürliche und gesellschaftliche Welt nicht nur sehr weiträumig, sondern auch bis zur Undurchschaubarkeit komplex (geworden) ist. Man kann es auch so sagen: Viele von uns sollen, ja müssen ihr Leben, Wohlleben und Überleben in einer Welt bewerkstelligen, über die sie – etwa über das Internet – jede Menge *Informationen* haben können, über die es ihnen aber an einem *konsistenten und sinnhaften* Wissen fehlt. Sie ahnen, dass vieles, über das sie informiert sind, für ihr Schicksal von Bedeutung sein kann, nur wissen sie nicht, wie und in welchem Ausmass, wenn überhaupt, es sie und ihr Leben tangiert. Entsprechend müssen sie damit rechnen, dass die Welt, in der sie leben, Gefährdungen birgt, deren Art sie nicht kennen und deren Eintretenswahrscheinlichkeit sie nicht berechnen können. Gewiss diese Welt mag auch Beglückungen in sich tragen, deren Art und Eintretenswahrscheinlichkeit ihnen unbekannt sind, doch ist die Annahme plausibel, dass gegenwärtig eher das Gefühl der potentiellen Gefährdung als jenes der möglichen Beglückung verbreitet ist.

Paradoxerweise sind es gerade die Vielzahl und die Vielfalt von *Informationen*, über welche der Mensch heute kostengünstig verfügt oder doch wenigstens verfügen kann, die dazu beitragen, dass seine Lebenswelt für ihn von geradezu undurchschaubarer Komplexität geworden ist. Wegen, nicht aber trotz einer überbordenden Informationsfülle über die Welt fehlt es dem Einzelnen an einem konsistenten und sinnhaften *Wissen* über die für sein Leben, sein gutes Leben, ja im Zweifel für sein Überleben relevante Welt. Dies ganz im Gegensatz etwa zu einem Bauern des Mittelalters. Dieser verfügte über weit weniger Informationen als der moderne Mensch, doch hatte er über seine vergleichsweise enge Lebenswelt ein (vielleicht aus heutiger Sicht falsches, aber als richtig geltendes) konsistentes und sinnhaftes Wissen. *Wir* können über die Zahl der BSE-infizierten Rinder informiert sein, doch wissen wir nicht, ob wir das Steak auf unserem Teller gefahrlos verzehren können. Der Bauer von ehedem konnte zwar über keine Suchmaschine praktisch jede irgendwo auf der Welt verfügbare Information abrufen, doch wusste er, dass man vor der Statue dieses oder jenes Heiligen eine Kerze stiften musste, damit die Kuh im Stall wieder Milch gab. Und dort, wo dieser Bauer etwas ahnte von Kräften und Mächten, die sich seinem Wissen entzogen, konnte er – anders als die meisten Menschen von heute – als gläubiger Mensch sich und diese Unbekannten in seiner Religiosität in einen sinnhaften Zusammenhang bringen.

In dem Masse nun, wie der Einzelne heute über die für ihn und sein Leben relevante Welt zwar im Prinzip gut informiert ist, aber im Zweifel wenig weiss, ist die Annahme plausibel, dass er vor dieser Welt – wenn er sich denn nicht, voll Vertrauen in die Menschenfreundlichkeit der Welt, als Hans-im-Glück sieht – Angst hat. In dieser Welt kann ihm im Zweifel jedes Unheil drohen; und er weiss selten mit einiger Gewissheit, vor was er sich eigentlich fürchten soll. Und dies nicht nur, weil in einer globalen Welt und Wirtschaft die für den Einzelnen relevanten Prozessabläufe immer weniger durchschaubar und gestaltbar sind. Auch die Strukturen und Institutionen, innerhalb derer sich das private, berufliche und politische Leben des Einzelnen abspielt, sind einem zunehmend rapiden, unvorhersehbaren und unsteuerbaren Wandel unterworfen. Mit der Folge, dass es für den Einzelnen selbst in seiner engeren Lebenswelt zunehmend schwierig wird, zielgerichtet zu handeln und so durch *Reaktionen im Kleinen* die *Turbulenzen der grossen Welt* in ihren Auswirkungen auf sein Leben nach Möglichkeit als Chance zu nutzen, oder doch wenigstens als Gefährdung aufzufangen. Die Folge ist, dass hier und heute die Angst als starkes, gar als dominierendes Lebensgefühl so selten nicht ist; im Extrem mag alles und jedes zum angstauslösenden Unheil werden, doch kann kaum etwas als konkrete Gefahr identifiziert und gefürchtet werden.

## 5

Auch jener, der diese Schilderung als Überzeichnung empfindet, wird im Zweifel nicht abstreiten, dass sie einen Kern an Wahrheit enthält. In dem Masse, wie dies der Fall ist, also die Angst, vorerst aber weniger die Furcht ein wichtiges Lebensgefühl ist, erweisen sich zwei Verhaltensmuster als wenig hilfreich: Für jenen, der im Prinzip durch alles und jedes gefährdet werden kann, ist es nicht sinnvoll, offensiv etwas Bestimmtem entgegenzuarbeiten; auch macht es unter diesen Umständen keinen Sinn, vor etwas Bestimmtem die Flucht zu ergreifen. Allenfalls bietet es sich an, aggressiv *gegen alles und jedes* vorzugehen oder aber *vor allem und jedem* zu flüchten. Und sollten weder die *Aggression* gegen noch die *Flucht* vor allem und jedem möglich sein, so bleibt dann, wenn die Angst ein gewisses Mass übersteigt, nur noch die *katatone Erstarrung*. Wem es gelungen ist, alle Lebendigkeit in sich abzutöten, kann von nichts und niemandem bedroht werden. Jedenfalls wird ihn kein drohender Verlust, vielleicht nicht einmal die Gefahr des Verlustes der eigenen Existenz affizieren. Selbst das eigene Sterben ist für jenen, der schon abgestorben ist, ohne Schrecken.

Diese angstinduzierten Verhaltensweisen haben – trotz aller Unterschiede – eines gemeinsam: Sie sind nicht konstruktiv; im Gegenteil. Man möchte deshalb versucht sein, die Angst als ein durchgehend disfunktionales Gefühl abzuwehren: Nur keine Angst! Dieser Versuchung sollte man nicht erliegen; wer nämlich keine Angst hat, dem fehlt die Sensibilität für mögliche Gefahren. Es ist demnach geradezu existenznotwendig, angstfähig zu sein, also ein Gefühl für die potentielle Bedrohlichkeit von allem und jedem, von allen und jeden haben zu können.

Allerdings: So wichtig es ist, Angst haben zu können, so wichtig ist es auch, dass es nicht bei diesem diffusen Gefühl der Angst bleibt, sondern dass es gelingt, diese diffuse Angst in eine konkrete Furcht zu transformieren. Soll nämlich ein

konstruktives Verhalten möglich werden, so ist es nötig, das jene Gefahren identifiziert werden, die entweder *gezielt-offensiv* angegangen werden sollen bzw. vor
welchen die Flucht zu ergreifen ist. Nur so sind ein erspriessliches Leben des
Einzelnen und ein gedeihliches Zusammenleben in der Gesellschaft wenigstens
nicht a priori ausgeschlossen.

Es kann also nicht darum gehen, die Angst, also die Sensibilität für die Bedrohlichkeit der Welt und für die Brüchigkeit der menschlichen Existenz, wie sie auch
für den psychisch gefestigten, also nicht neurotisch fixierten oder psychotisch
gefangenen Menschen natürlich ist, abschaffen, gar wegtherapieren zu wollen:
Wer völlig ohne Angst wäre, wäre in der Tat in höchster Gefahr. Hingegen ist es
von entscheidender Bedeutung für das Gelingen des individuellen Lebens und
für das konstruktive Zusammenleben, dass die Angst in Furcht umgesetzt wird.
Es muss also angestrebt werden, vom diffusen Gefühl der Bedrohung zur
Wahrnehmung von konkreten Gefahren zu gelangen. Erst dann, wenn dies erreicht ist, wird ein gezielt-konstruktiver Umgang mit den Risiken und Fährnissen
des Lebens und Zusammenlebens möglich. *Die Transformation der diffusen Angst vor*
*allem und jedem in eine konkrete Furcht vor diesem und jenem ist, wenn auch nicht die conditio*
*per quam, so doch die conditio sine qua non für den konstruktiven Umgang des Menschen mit*
*sich, mit den Mitmenschen und mit den Dingen dieser Welt.* Dies ist eine Einsicht, zu der
nicht erst wir kommen müssen. Schon jener junge Mann im Märchen, der aus-
zog, das Fürchten zu lernen, wusste, dass ihm etwas Wichtiges fehlte. Warum
sonst hätte er sich auf die hartnäckig-verzweifelte Suche nach Furchtobjekten
machen sollen?

Im übrigen: Man kann sich fragen, ob dieses Suchen nach Furchtobjekten nicht
seine Ursache in der evolutionsgeschichtlich gebildeten psychisch-physischen
Grundausstattung nicht nur, aber besonders des Menschen findet. In der Tat
kann der Mensch offenkundig leichter mit der Furcht als mit der Angst umgehen; entsprechend drängt es ihn dann, wenn er Angst, also das diffuse Gefühl
einer nichtidentifizierten Bedrohung hat, jene Gefahr zu identifizieren, die ihn
konkret bedroht. *Wer Angst haben muss, möchte sich fürchten können.* Und: Wer sich
nicht fürchten kann, lebt im Zweifel nicht nur schlecht, sondern auch eher kurz.

Es ist demnach vorerst festzuhalten: Es ist für den Menschen hoch funktional,
angstfähig zu sein. Allerdings ist es für den Einzelnen und für das gesellschaftliche Zusammenleben höchst bedenklich, wenn vornehmlich oder gar nur die
Angst, nicht aber auch die Furcht, das Denken und Fühlen der Menschen be-
herrscht.

Gewiss: Man kann darauf hinarbeiten, ein Mindestmass an Vertrauen in die Le-
bensfreundlichkeit der Welt und in die Humanität der Mitmenschen zu schaffen,
also pathologische Extremformen der Angst zu therapieren. Allerdings sollte
man sich hierbei keinen Illusionen hinzugeben: Die völlige Angstfreiheit *soll*

nicht dadurch erreicht werden, dass die Angstfähigkeit abgetötet wird; und: Die völlige Angstfreiheit *kann* nicht nur dadurch erreicht werden, dass alle Gefährdungen aus der Welt geschafft werden und nur noch die Beglückungen übrigbleiben. Es ist vielmehr realistischerweise davon auszugehen, dass das Leben, das Wohlleben, ja das Überleben in einer Welt der knappen Ressourcen immer wieder bedroht sind und immer wieder von Neuem gesichert werden müssen; die Welt ist ein potentiell gefährlicher Ort. Gewiss lassen sich im Prinzip die Fährnisse des Lebens bis zu einem bestimmten Punkt begrenzen, und das Beglückungspotential der Welt kann bis zu einem bestimmten Punkt erschlossen werden. Doch muss jenseits dieses Punktes – soll die Angst gemindert werden – das Fürchten ermöglicht werden. Wohl ist damit noch nicht unbedingt gewährleistet, dass die Menschen auch die Möglichkeit zur Flucht bzw. zum offensiven Handeln haben. Nur wissen sie dann wenigstens, vor was sie flüchten bzw. welcher Art von Gefährdung sie offensiv begegnen sollen.

Letzteres scheint unproblematisch zu sein. Da nämlich die diffuse Angst für den Einzelnen schwerer zu ertragen ist als eine konkrete Furcht, tendieren die meisten von sich aus dazu, nach jenen Ursachen zu suchen, die ihr Leben und ihre Wohlfahrt bedrohen (können): Wer ein *angst*auslösendes Geräusch im Keller seines Hauses hört, sucht im Zweifel so lange, bis er jene Ratte gefunden hat, vor der er sich *fürchten* und die er jagen bzw. vor der er davonlaufen kann. Man kann also geradezu von einem gewissen Appetenzverhalten sprechen: Die Menschen suchen nach Möglichkeiten und Gelegenheiten, die ihnen erlauben, ihre Angst in Furcht umzuwandeln. Weil sie Angst haben, suchen sie nach jenem, vor dem sie sich (endlich) fürchten können. In Goethes Ballade hat der kleine Junge nicht deshalb Angst, weil er in Gestalt der Weiden den Erlkönig fürchtet, sondern er sucht, weil er Angst hat, eine konkrete Bedrohung und (er)findet diese im Erlkönig.

# 6

Man möchte also meinen, dass nichts leichter und einfacher ist, als jene und jenes zu identifizieren, die bzw. das man als konkrete Gefahr fürchten, also auch entweder offensiv angehen oder evasiv meiden soll. In der Tat fürchten wir hier und heute vieles: Elektrofelder, Steaks, SARS-Viren, den Verlust des Arbeitsplatzes, ganze Bevölkerungsgruppen wie Muslime, Ausländer, Skins sowie Abstracta wie etwa die Globalisierung. Und dann, wenn wir mal nichts finden, vor dem wir uns fürchten können, erfinden wir etwas: „Aliens". Und nicht nur, dass wir vieles fürchten; auch wechseln die Furchtobjekte nicht selten in schnellem Rhythmus: Was gestern harmlos war, gilt heute als ernste Bedrohung und wird morgen im

Zweifel als Gefahr wieder völlig verharmlost, wenn nicht gar völlig vergessen sein.

Gerade letzteres nun ist ein Phänomen, das der obigen Feststellung, es sei schwierig, geeignete Furchtobjekte zu (er)finden, paradoxerweise ein hohes Mass an Plausibilität verleiht. Dass die Furchtobjekte zum Teil schneller wechseln als die Mode, mag verschiedene Gründe haben. Einer dürfte darin bestehen, dass wir auch dann, wenn wir dies oder jenes fürchten, immer noch Angst haben. Nichts von dem, wovor wir uns fürchten, erweist sich als so bedrohlich, als dass seine Bekämpfung bzw. seine Vermeidung unsere Angst völlig besänftigen könnte. Man kann mit einiger Plausibilität sagen, dass wir – angstbesessen – gierig nach Furchterregendem suchen und in dieser Suche immer wieder wenigstens zum Teil enttäuscht werden. *Unsere Angstbesessenheit leben wir als Sucht nach Furchtobjekten aus.* Und weil diese Objekte, wenn wir sie denn er- oder gefunden haben, sich gemeinhin nicht als so gefährlich erweisen, dass sie unserer Angst entsprechen, suchen wir hastig und verzweifelt nach immer Neuem, das wir fürchten können. Auch entstehen laufend neue Gefährdungen, die das Gefühl der Angst immer von neuem solange schüren, bis wir sie als *konkrete* Bedrohungen identifiziert haben.

Dass die Befriedigung unserer Sucht nach Furcht wenigstens auf die Dauer nie dem Ausmass und der Intensität unserer Angst entspricht, ist dann nicht überraschend, wenn man sich in Erinnerung ruft, was eingangs über das – trotz einer Überfülle von Informationen – Fehlen eines konsistenten und sinnhaften Wissens über die für den Einzelnen relevante Lebenswelt und über den für viele vollzogenen Verlust jedweder Transzendenz gesagt worden ist. In der Tat: Weil und in dem Masse, wie die für das Leben, Wohlleben und Überleben des Einzelnen relevante Welt undurchschaubar ist, kann in ihr im Prinzip alles bedrohlich sein, doch ist in praxi vergleichsweise wenig als konkrete Gefahr identifizierbar. Weil aber der Mensch danach strebt, seine Angst in Furcht zu transformieren, ent- und besteht so eine im letzten nicht vollends und endgültig zu befriedigende Nachfrage nach immer neuen, wenigstens vorübergehend überzeugenden Furchtobjekten.

## 7

Ist aber erst einmal die Rede von einer *Nachfrage* nach Furchtobjekten, so drängt es sich geradezu auf, nach einem entsprechenden *Angebot* Ausschau zu halten. Um ein solches Angebot zu finden, braucht man nicht lange zu suchen. Es lassen sich nämlich leicht – erstens - eine Vielzahl und eine Vielfalt von Akteuren auf dem Marktplatz und auf dem Forum der Politik ausmachen, die den Erfolg dadurch suchen und finden, dass sie auf konkrete Bedrohungen hinweisen, also *dartun, vor was man sich fürchten muss*. Ein Wissenschaftler, der zeigt, dass BSE mit einiger Sicherheit auf den Menschen übertragbar ist, bietet Kalbshirn als Furchtobjekt an; ein Politiker, der glaubwürdig dartun kann, dass Al Kaida eine echte Gefahr ist, vermittelt, dass Muslime zum Fürchten sind; ein Unternehmer, dem es gelingt, die Botschaft an den Mann zu bringen, dass die „kleinen Fältchen" das Wohlleben ernsthaft beeinträchtigen, übermittelt die Botschaft: Zu fürchten sind die Runzeln des Älterwerdens.

Entscheidend ist nun, was die hier exempli causa genannten Beispiele trotz aller Unterschiedlichkeit gemeinsam haben: Diese Angebote an Furchtobjekten werden gemacht, weil auf diese Weise deren Anbieter ihre eigene Wohlfahrt – sei es durch wissenschaftliches Prestige, Wählergunst bzw. unternehmerischen Gewinn – zu erhöhen hoffen; was nichts anderes bedeutet, als dass Einzelne auf vielfältige Weise dadurch ihr Glück machen wollen, dass sie bei anderen Angst in Furcht transformieren.

Doch nicht genug damit; neben jenen, die Furchtobjekte ausmachen und anbieten, gibt es – *zweitens* – jene, deren Geschäft darin besteht, etwa als Journalisten, *Furchtobjekte zu verbreiten*: Mit einer glaubwürdigen Story über krebsverdächtige, bei der Baumwollverarbeitung gebräuchliche Chemikalien und die potentielle Gefährlichkeit von T-Shirts lassen sich auflagenfördernde Schlagzeilen machen.

Neben den Anbietern und den Verbreitern von Furchtobjekten gibt es auf dem Markt von Furchtobjekten auch – *drittens* – eine Kategorie von Menschen, deren Angebot darin besteht, Objekte, die anderweits als furchteinflössend angeboten worden sind, als harmlos auszuweisen.

Allerdings: Viele jener Objekte, die als furcherregend vermittelt worden sind, verlieren nicht deshalb an Aufmerksamkeit, wenn und weil sie als ungefährlich ausgewiesen werden, sondern wenn und weil andere Furchtobjekte sie verdrängen. Dies ist deshalb symptomatisch, weil es die Hypothese nahelegt, dass das Interesse an Furchtobjekten stärker ist als das Interesse, dass einem Objekte, die man fürchtet, (wieder) als harmlos nahegebracht werden. Offensichtlich ist das Bedürfnis der Einzelnen, ihre diffuse Angst in konkretes Fürchten zu transformieren, so gross, dass sie dazu neigen, jene Furchtobjekte, die sie haben, auch dann, wenn diese Objekte nicht gefährlich sind, erst in dem Augenblick loszulassen, wo neue Objekte zum Fürchten an ihre Stelle treten können. Dies belegt die obige Feststellung, dass es für den Einzelnen gemeinhin leichter ist, mit der Furcht als mit der Angst umzugehen.

Eine *vierte* Art von Akteuren tritt als Anbieter auf dem Markt der Furcht auf; hierbei handelt es sich um jene, die Mittel und Wege, Techniken und Strategien, Instrumente und Rezepte anbieten, um jenen konkreten Bedrohungen, die gerade als furcherregend gelten, zu begegnen: BSE – eine furcherregende Gefahr;

Gegenmassnahme – Kalbshirn meiden. Al Kaida – eine furchterregende Gefahr; Gegenmassnahme – Verstärkung von Sicherheitsvorkehrungen und „preemptive strikes". „Kleine Altersfältchen" – furchterregende Gefahr; Gegenmassnahme – regelmässiges Auftragen von Feuchtigkeitscrème.

Diese vier Typen von Akteuren – (Er)finder von Furchtobjekten, Verbreiter von Furchtobjekten, Verharmloser von Furchtobjekten, Anbieter von Techniken und Mitteln der Gefahrenabwehr – auf dem Markt für Furchtobjekte sind hier *analytisch* auseinander gehalten. Dies bedeutet nicht, dass zwei oder gar mehr Akteurstypen in *einem* Anbieter vereint sein mögen. Dazu zwei Beispiele: Ein Politiker sucht etwa den Erfolg bei den Wählern, indem er deren diffuse Ängste in die konkrete Furcht vor einer terroristischen Bedrohung umsetzt. Gleichzeitig bietet er jene Mittel an, die geeignet sind (oder doch sein sollen), mit dieser Bedrohung fertigzuwerden. Es wäre nun gewiss ungerechtfertigt zu unterstellen, dass die Furchtobjekte durchwegs in Tat und Wirklichkeit nicht zum Fürchten sind, sondern von dem besagten Politiker um des eigenen Erfolges willen als Bedrohung weniger gefunden als erfunden werden. Allerdings auszuschliessen ist es nicht; genau so wenig wie übersehen werden kann, dass Politiker durchaus einiges an Geschick darin haben, bestimmte Vorkommnisse zu nutzen, um bestimmte Furchtobjekte mit Erfolg zu vermarkten. Man kann wenigstens darüber spekulieren, ob ohne den 11. September der Präsident der Vereinigten Staaten die Möglichkeit gehabt hätte, Saddam Hussein als furchterregende Gefahr konkret werden zu lassen und die schon lange vorher entwickelte Strategie zur Positionierung der USA in der Welt wenigstens im Inland als Strategie zur Bekämpfung dieser Gefahr zu vermitteln.

Zweites Beispiel: Die Zeit der Pubertät ist für viele insofern eine angstvolle Zeit, als der junge Mensch, sich und die Welt nicht (mehr) versteht und dabei spürt, dass er – um einen, um seinen Platz in dieser Welt zu finden und zu behaupten – sich und die Welt begreifen und wenigstens in Teilen in den Griff bekommen muss. Der Jugendliche ahnt, dass hier die Gefahr eines tiefen, aber noch undefinierten Scheiterns (allerdings auch die Chance eines gleichermasen undefinierten Gelingens) besteht. Entsprechend schwankt er zwischen verzagter Ängstlichkeit und freudiger Zuversicht. In dieser Situation mag nun ein Zigarettenfabrikant naheliegenderweise die Angst des jungen Menschen in eine Furcht vor einer defizitären Männlichkeit transformieren. Gleichzeitig mag dann die Werbung nahelegen, dass jener, der Marlboro raucht, nicht nur ein echter Kerl, ein richtiger Mann ist, sondern auch in einer heilen und überschaubaren Welt im Kreis gleichfalls unverdächtiger Männer seinen Platz hat.

Die Liste der Beispiele liesse sich mühelos verlängern. Darauf kann an dieser Stelle verzichtet werden, zeigen doch die beiden genannten Exempel mit hinreichender Deutlichkeit jenen Zusammenhang, um dessen Klärung es hier geht: Ein Anbieter von Furchtobjekten kann *seine* Ziele – Prestige, Wählerstimmen,

Gewinne u.a. – dadurch erreichen, dass er *bei anderen* eine diffuse Angst in ein konkretes Fürchten umsetzt und/oder indem er glaubwürdig Mittel und Wege anbietet, um jenen Gefahren, die als Furchtobjekte konkretisiert worden sind, zu begegnen. Dabei mag es Anbieter geben, die ihren Erfolg eher in der *Identifizierung von Furchtobjekten* suchen, und solche, die sich in der Hauptsache auf die *Mittel zur Bewältigung von konkreten Gefahren* verlegen. In vielen, wenn nicht gar in den meisten Fällen dürften allerdings die Anbieter beides – Furchtobjekte und Techniken der Gefahrenbewältigung – anbieten.

Letzteres anzunehmen drängt sich nicht nur auf der Grundlage eines ersten Eindrucks auf; auch ist es aus folgendem, empirisch abgesicherten Grund plausibel: Man weckt als Politiker, Unternehmer, Wissenschaftler, Journalist, Geistlicher usw. bei Menschen dann am ehesten *Interesse*, wenn man sie bei ihren *Ängsten* anspricht und ihnen Fruchtobjekte anbietet; und: Man *motiviert* diese Menschen um so eher *zu einem bestimmten Verhalten* als Wähler, Käufer, usw., wenn man ihnen *Instrumente aufzeigt, mittels derer die konkrete Bedrohung und Gefahr abgewendet werden kann.* Wenn dem aber so ist, dann liegt es für einen Politiker bzw. für einen Unternehmer nahe, die Wähler bzw. die *Kunden bei ihrer Angst zu packen und sie an der Leine ihrer Furcht zu führen:* „Du hast Angst. In Wirklichkeit fürchtest Du, kein richtiger Mann zu sein. Rauche Marlboro und Du bist ein echter Kerl unter echten Kerlen". Oder: "Du hast Angst. In Wirklichkeit fürchtest Du Dich vor terroristischen Anschlägen. Unterstütze meine Politik der Terrorismusbekämpfung und Deine Sicherheit vor terroristischen Anschlägen ist gewährleistet."

# 8

Es liegt nahe, die hier angesprochenen Verhaltensmuster sowohl auf Seiten der Anbieter als auch auf Seiten der Nachfrager als bedauerliche und im letzten pathologische Erscheinungen einer liberalen Gesellschafts-, Staats- und Wirtschaftsordnung anzusehen. In der Tat – so mag man argumentieren – ist es einigermassen misslich, dass die Nachfrager nach Furchtobjekten, getrieben von ihrer Angst vor der Angst, auf der Suche nach immer neuen konkreten Bedrohung und Gefahren sind, vor denen sie fliehen oder die sie offensiv angehen können. Auch mag man nicht ohne Grund bedauern, dass in einer freiheitlichen Ordnung Unternehmer, Politiker, Journalisten, Wissenschaftler u.a. ihr Aus- und Einkommen finden, indem sie den Menschen das Fürchten beibringen und ihnen wohl Wege aufzeigen, mit den Risiken und Gefährdungen des Lebens umzugehen, aber diese Wege so wählen, dass sie ihren, d.h. der Anbieter Interessen förderlich sind.

**9**

Doch auch dann, wenn diese Kritikpunkte nicht immer ohne jede Berechtigung sind, zeigt ein zweiter Blick, dass es sein Gutes hat, dass eine liberale Ordnung Institutionen vorhält, mittels derer die Angst in Furcht umgewandelt werden kann und mittels welcher Furchtobjekte gefunden, erfunden, angeboten, verbreitet, diskreditiert und durch andere Furchtobjekte abgelöst werden, die dann ihrerseits gefunden bzw. erfunden sein werden, angeboten, verbreitet und schliesslich selbst durch neue Furchtobjekte verdrängt werden, die ihrerseits...

Es ist nämlich für den Einzelnen höchst funktional, dass er nicht mit einer Lebens- und Weltangst konfrontiert bleiben muss, angesichts derer er in seiner Hilflosigkeit nur vor allem fliehen bzw. alles angreifen oder aber in katatoner Leb- und Weltlosigkeit erstarren müsste. Indem seine Angst in Furcht umgesetzt wird, wird wenigstens *eine* notwendige Bedingung dafür erfüllt, dass der Einzelne gegenüber sich selbst, den Mitmenschen und den Dingen dieser Welt ein zielgerichtetes und wenigstens nicht aggressives bzw. destruktives, sondern gar ein konstruktives Verhalten entwickelt. In etwas anderer Formulierung: *Die Umwandlung von Angst in Furcht erlaubt es dem Menschen, den Preis des Lebens in dieser Welt nicht in den grossen Scheinen der Existenzangst, sondern in der kleinen Münze des Fürchtens zu zahlen.*

Dies ist für den Einzelnen auch deshalb sinnvoll, insofern er in den wenigsten Fällen die Kraft haben dürfte, sich der Existenzangst zu stellen, er aber durchaus in der Lage ist, immer wieder kleinen Bedrohungen und Gefährdungen ins Auge zu sehen und zu begegnen.

Die Umsetzung von Angst in Furcht ist nicht nur für den Einzelnen, sondern auch für das gesellschaftliche Zusammenleben von Wert. Dies aus folgendem Grund: Indem sich auf diese Weise den Gesellschaftsmitgliedern die Möglichkeit eröffnet, nicht umfassend *destruktiv* miteinander umzugehen, sondern *offensiv* aufeinander zuzugehen oder sich aus dem Wege zu gehen, *sinkt das Agressionspotential in der Gesellschaft.* Wenn es in liberalen Gesellschaften – trotz aller nicht zu leugnenden (Selbst)destruktivität – in überraschendem Ausmass friedlich und konstruktiv zugeht, so wohl auch deshalb, weil sich die Menschen der Angst nicht unmittelbar, sondern vermittelt über Furchtobjekte stellen müssen. Es entspricht diesen eher theoretisch-spekulativen Überlegungen, dass – wie empirische Studien belegen – gegenwärtig eine Mehrzahl von Menschen die *allgemeine* Lage negativ einschätzen, ihre *eigene* Situation aber eher positiv beurteilen. Eine durchaus plausible Erklärung für diesen doch eher überraschenden Befund dürfte darin bestehen, dass die Frage nach der allgemeinen Lage Ängste wachruft, denen sich der Einzelne ausgeliefert fühlt, die Frage nach seiner Situation aber die Furcht vor konkreten Problemen anspricht und der Befragte, sich diesen eher gewachsen fühlt.

Im übrigen: Weil in einer liberalen Gesellschaft die Möglichkeit besteht, die Angst wenigstens zum Teil als Furcht bewältigen zu können, ihr also nicht in ihrer im Zweifel überwältigenden Gewalt begegnet werden muss, besteht wenigstens die Möglichkeit ihrer *Enttabuisierung*. Sie kann ein Thema des gesellschaftlichen Austauschs sein; der Einzelne ist also nicht gezwungen, sich ihr allein zu stellen. *In einer liberalen Gesellschaft hat der Einzelne nicht nur Angst; er darf auch Angst haben.* Es ist geradezu ein Gradmesser für die Liberalität einer Gesellschaft, ob und wieviel Angst man haben darf. Auch ist es ein Gradmesser für die Liberalität einer Gesellschaft, ob und wieviel Angst in Furcht transformiert werden kann.

Diese hier der freiheitlichen Ordnung zugeschriebenen Vorzüge werden besonders deutlich, wenn man sie in der Differenz zu den freiheitsfremden Verhältnissen etwa in Diktaturen sieht. So gibt es dort durchaus die Angst, ja Diktatoren tendieren dazu, die Angst zu verstärken. Nur darf über jene Angst, die im Zweifel jeder spürt, nicht geredet werden; ein jeder soll mit seiner Angst *allein* bleiben und so als Einzelner, als Vereinzelter als hilf- und widerstandsloses Menschenmaterial der Diktatur zur Verfügung stehen. Der Einzelne soll aber nicht nur mit seiner Angst *allein* bleiben, er soll auch mit seiner *Angst* allein bleiben, sie also nicht in Furcht umsetzen können. Bleibt es nämlich bei der Angst und gelingt es dem Diktator – er steht hier für alle Typen unliberaler Herrschaft – die Aggressivität der Bürger in Schach zu halten und die Flucht zu unterbinden, dann bleibt als Ausweg für den Einzelnen nur das Abdriften in die Katatonie, eine Entwicklung, die dem Diktator durchaus genehm sein mag; dies um so mehr als sich dieses so abgestorbene Menschenmaterial bestens zur Veranstaltung von Massenaufmärschen fähnchen- und blumenschwenkender Menschen mit glücklichstrahlenden Gesichtern eignet. Die Berichte und Filmdokumente von Hitlers Ritualen in Nürnberg, Stalins Feiern auf dem Roten Platz und Kim Song Ils Aufmärsche in Pjongjang illustrieren ad nauseam den hier angesprochenen Zusammenhang.

Nur am Rande erwähnt, aber durchaus symptomatisch ist in diesem Kontext auch, dass in Diktaturen von Hitler über Stalin, zu Mao Tsedong und Ceaucescu die Angst als menschliches Problem im öffentlichen Diskurs negiert wird. Gleichfalls symptomatisch ist, dass Diktatoren gemeinhin darauf achten, dass über jenes, was konkret zum Fürchten ist – die Gestapo, die Konzentrationslager, der Gulag, die Folterungen – *nicht* geredet wird.

Nicht ohne Übertreibung kann man sagen, dass unliberale, gar diktatorisch-totalitäre Regime dazu tendieren, gegenüber den Beherrschten die Stelle des Schicksals hinzunehmen. So wie die Menschen diesem in seiner Undurchschaubarkeit mit Existenzangst begegnen, so sollen sie auch „den Vorsitzenden", „den

Führer", „das Politbüro" mit diffuser Angst eher erahnen als begreifen. Sie sollen – wie in Goethes „Iphigenie" das Menschengeschlecht vor den Göttern – zittern, denn „sie halten die Herrschaft in ewigen Händen und können sie brauchen wie's ihnen gefällt."

Es ist demnach festzuhalten: Im Gegensatz zu freiheitsfeindlichen Regimen zeichnet sich eine Ordnung nach Massgabe ihrer Liberalität dadurch aus, dass – *erstens* – der Einzelne im Verkehr mit anderen Menschen seine Angst artikulieren kann, er also Angst haben darf, dass – *zweitens* – niemand dem/den anderen Gesellschaftsmitgliedern im Dienste seiner eigenen Ziele Angst machen kann und – *drittens* – dass es nicht ein Angebotsmonopol von Furchtobjekten gibt, sondern diese im Wettbewerb angeboten werden.

Man kann demnach eine liberale Ordnung als ein institutionelles Arrangement bezeichnen, in welchen der Einzelne Angst, *seine* Angst haben darf und in dem ihm die Möglichkeit geboten wird, diese seine Angst in *seine* Furcht umzusetzen.

Ein weiterer Punkt kommt hinzu: Indem es in einer liberalen Ordnung einen wettbewerblichen Markt gibt, wo sich das Angebot und die Nachfrage von immer neuen Furchtobjekten treffen, besteht auch ein Ort, wo jene Bedrohungen, die das Leben, das Wohlleben, gar das Überleben der Menschen gefährden mögen, identifiziert, bekanntgemacht werden können. Und weil es – siehe oben – für den Erfolg der Anbieter wichtig ist, dass sie auch Techniken und Instrumente zur Bedrohungsabwehr anbieten, besteht der Antrieb, nach immer neuen Wegen zur Abwehr immer neuer Gefahren zu suchen.

Gewiss, nicht wenige der angebotenen Furchtobjekte sind in Wirklichkeit weniger gefährlich als jene erklären, die sie „anpreisen". Dem steht allerdings entgegen, dass solche in ihrer Bedrohlichkeit überschätzten Furchtobjekte in einer liberalen Gesellschaft vergleichsweise schnell als mehr oder weniger harmlos entlarvt werden. Aus dieser Perspektive erweist sich demnach der schnelle Wechsel von einem Furchtobjekt zu nächsten, wie er oben mit negativem Vorzeichen angesprochen worden ist, als ein Vorgang, der auch positive Seiten hat. Damit erweisen sich mittelbar die Angst und unmittelbar die Furcht als Gefühle, die als psychische Triebkräfte dem wissenschaftlich-technischen Fortschritt, dem wirtschaftlichen Wachstum und der gesellschaftlichen Entwicklung förderlich sind. Eine Gesellschaft, in welcher die Menschen *keine* oder *nur* Angst haben ist zum Untergang verurteilt; eine Gesellschaft, in welcher die Menschen auch Furcht haben, kann prosperieren.

Auch hier zeigt sich die spezifische Eigenart einer freiheitlichen Ordnung in der Differenz zu ihrem unliberalen Pendant. In der Tat: Es ist für Diktaturen eher typisch, dass in ihnen die Beherrschten nichts fürchten sollen; jedenfalls sollen sie nur, nein: müssen sie offen äussern, dass sie jenes fürchten, das ihnen der Diktator zum Fürchten aufgezwungen hat. Ansonsten haben die Beherrschten zu zeigen, dass sie ihr Leben in sorgenloser Heiterkeit, ohne Angst und ohne Furcht leben. Aus eigenem Antrieb sollen sie nichts und niemand fürchten; entsprechend sollen sie auch von sich aus weder etwas offensiv angehen noch sollen sie aus eigener Initiative etwas aus dem Wege gehen. Man kann es auch so sagen: Diktatoren tendieren dazu, ihre Untergebenen über die Angst in katatoner Erstarrung zu halten und sie nur dort über die Furcht zu aggressivem bzw. evasivem Handeln zu verführen, wo dies seinen Zielen entspricht. Es ist also nicht verwunderlich, dass unliberale Ordnungen gemeinhin nur in solchen Bereichen nicht steril, (wenn auch nicht unbedingt konstruktiv), sind, die von dem Herrscher / den Herrschenden als jene vorgegeben worden sind, in denen vom Diktator vorgegebenen Bedrohungen so oder anders zu begegnen ist.

# 10

Eingangs hatten wir die gängige Ansicht erwähnt, dass die Angst und die Furcht wohl in freiheitsfeindlichen Regimen verbreitete Gefühle sind, dass sie aber einer liberalen Ordnung eher fremd, ja dort eher pathologische Erscheinungen sind. Unsere Überlegungen haben gezeigt, dass dem nicht so ist. Richtig ist vielmehr, dass sowohl in liberalen als auch in unliberalen Ordnungen der Mensch mit der Angst vor den Fährnissen des Lebens konfrontiert ist und dass diese Angst um so grösser ist, desto leerer der Himmel über ihm und desto unüberschaubarer die für ihn relevante Welt um ihn ist. Beide – die liberale und die unliberale Ordnung – unterscheiden sich aber darin, dass in dieser die Angst der Menschen durch Menschen im Dienste der Mächtigen instrumentalisiert werden kann. Sie unterscheiden sich auch darin, dass nach dem Grade der Freiheitsfeindlichkeit die Einzelnen nicht nur mit ihrer Angst isoliert bleiben, sondern sie entweder nur Angst und keine Furcht oder aber nur jene Furcht haben dürfen, die ihnen wiederum im Dienste der Herrschenden aufgezwungen worden ist. Hingegen dürfen die Einzelnen in einer liberalen Ordnung jene Angst haben, die *sie* haben, nicht aber jene, die andere ihnen machen; auch ist es ein Zeichen der Liberalität einer Gesellschaft, wenn in ihr, die Menschen ihre Angst nicht bloss in Furcht umwandeln können, sondern auch jenes fürchten können, was *sie* als Bedrohung für *sich* ansehen, nicht aber was andere ihnen als Furchtobjekte aufdrängen. Unter dem Aspekt von Furcht und Angst ist jener frei, der sagen kann: Ich stelle mich *meiner* Angst und ich fürchte, was *ich* als Bedrohung ansehe.

# Kosteneffekte durch politisch induzierte Furcht – Das Beispiel des britischen Eisenbahnwesens – Korreferat zu Guy Kirsch

1    Einleitung ................................................................. 113

2    Mögliche Auswirkungen von Angst und Furcht ......................... 114

3    Das britische Eisenbahnwesen als Beispiel für
     wirtschaftliche Auswirkungen politisch induzierter Furcht ............ 116

4    Fazit ....................................................................... 120

    Literatur .................................................................. 121

## 1    Einleitung

Der Einzelne, seine Interaktionen mit anderen Individuen, sein Verhalten in bestimmten Situationen sowie die Umgebung, in der er handelt, sind überaus komplexe und kaum gänzlich erfassbare Sachverhalte. Dass ein der Realität entsprechendes Menschenbild deshalb mehr umfassen muss, als der menschgewordene Algorithmus *homo oeconomicus*, der ausschließlich rational im monetären Eigeninteresse handelt und dem alle entscheidungsrelevanten Informationen kostenfrei zur Verfügung stehen, beschäftigt Philosophen, Psychologen und Ökonomen seit jeher. Bereits seit Elton Mayo's berühmt gewordenen Untersuchungen im Hawthorneschen Werk der Western Electric Company in den Jahren 1927 bis 1932 und der daraus resultierenden Human-Relations-Bewegung wird kontrovers diskutiert, ob der Mensch nicht, wie beim *homo oeconomicus* angenommen, ausschließlich nach monetären Werten strebt, sondern auch andere Primärbedürfnisse von Bedeutung sein können. So gingen die Protagonisten der

---

[*] Rico Merkert ist Doktorand am Lehrstuhl für Volkswirtschaftslehre, insbesondere Wirtschaftspolitik an der Universität Potsdam.

Human-Relations-Bewegung davon aus, dass das Primärbedürfnis des Menschen sozialer Kontakt ist (Mayo 1945). Dieses Menschenbild wurde von den Ergebnissen der humanistischen Psychologie abgelöst, deren Vertreter als zentrales Bedürfnis die Selbstentfaltung des Einzelnen ansahen (Maslow 1977: 89). Seitdem wurde das Menschenbild des homo oeconomicus in den verschiedenen Sozialwissenschaften vielfältig erweitert. In der ökonomischen Forschung erhielten Daniel Kahneman und Vernon L. Smith im Jahre 2002 den Wirtschafts-Nobelpreis für ihre bewusste Abkehr von der traditionellen Wirtschaftstheorie des *homo oeconomicus*. Kahneman zeigte durch die Verbindung der Wirtschaftswissenschaft mit psychologischen Erkenntnissen, dass Menschen durchaus unvernünftig und unwirtschaftlich handeln. Smith kam durch die Anwendung verschiedener experimenteller Methoden zu dem gleichen Ergebnis. Emotionen und deren Auswirkungen auf rationales Verhalten werden inzwischen auch in der deutschsprachigen wirtschaftswissenschaftlichen Literatur diskutiert, wie Publikationen zur Ökonomie des Glücks beispielhaft zeigen.[1]

## 2 Mögliche Auswirkungen von Angst und Furcht

Guy Kirsch schließt sich in seinem Beitrag, wie in verschiedenen seiner Arbeiten zu dieser Problematik,[2] der Abkehr von der traditionellen Wirtschaftstheorie an und geht ausdrücklich von einem Menschenbild aus, welches neben dem *homo oeconomicus* auch den bisher wenig diskutierten Gefühlskomplex Angst und Furcht kennt. Dabei unterscheidet er bewusst in Angst, als ein diffuses Gefühl der Bedrohung und Furcht, als eine konkretisierte Form der Angst, die sich greifen, verstehen und somit vom Einzelnen beherrschen lässt. Er zeigt zudem, dass beide Gefühle nicht nur in Diktaturen, sondern auch in liberal-demokratischen Rechtsstaaten zu beobachten sind, und gibt Einblicke in die Dynamik einer liberalen Ordnung indem er beachtet, dass Angst in einer globalisierten und komplexen Welt allgegenwärtig, und daraus transformierte Furcht wünschenswert für die Weiterentwicklung von Gesellschaften ist. Als Vorteil einer liberalen Ordnung wird dargestellt, dass der Einzelne hier Angst haben darf und sogar haben soll. Dies gelte jedoch nicht für Ängste, die andere ihm einreden wollen. Zudem können in einem solchen System Ängste in Furcht transformiert werden, so dass jeder jenes fürchtet, was er selbst als Bedrohung für sich betrachtet und nicht jenes, was andere ihm als Furchtobjekte aufdrängen. Der Einzelne ist mit anderen Worten frei. Als liberale Ordnung wird ein institutionelles Arrangement ver-

---

[1] Vgl. Frey/Stutzer (2002: 402ff.) oder Frey/Easterlin (2003: 216ff.).

[2] Vgl. beispielsweise Kirsch (2005).

standen, in dem der Einzelne die Gelegenheit bekommt, seine Angst in Furcht zu transformieren und bei dem ein Wettbewerb der Furchobjekte herrscht. *Kirsch* weist zudem darauf hin, dass Angst und Furcht wesentliche Elemente für das Funktionieren von Wirtschaften seien. Angst wirke mittelbar und Furcht unmittelbar als psychische Triebkraft, die dem wissenschaftlichen Fortschritt, dem wirtschaftlichen Wachstum und der gesellschaftlichen Entwicklung förderlich sei.

Auf der anderen Seite bestehen Gefahren, die durch mangelnden Wettbewerb auf dem Markt für Furchtobjekte und durch Marktmachtmissbrauch durch einzelne Marktakteure entstehen können. Angebotsmonopole von Furchtobjekten werden von *Kirsch* als grundsätzlich ineffizient herausgestellt. Neben der Marktstruktur ist aber auch das Marktverhalten der Akteure, insbesondere der Furchtanbieter von großer Bedeutung. Für die weitere analytische Betrachtung gelte es deshalb, zunächst vier Typen von Akteuren abzugrenzen, die als Anbieter auf dem Markt für Furcht agieren. Die erste Gruppe umfasst jene Akteure, die ihren Erfolg dadurch maximieren wollen, andere auf konkrete Bedrohungen hinzuweisen und aufzuzeigen, wovor es sich zu fürchten gilt. Die Angebote an Furchtobjekten werden hauptsächlich deshalb gemacht, weil die Anbieter hoffen, damit ihren eigenen Nutzen (z.B. Wählergunst) erhöhen zu können. Die zweite Gruppe repräsentiert jene Akteure, deren Geschäft es ist, Furchtobjekte zu verbreiten, also beispielsweise Medien, die von auflagenfördernden Schlagzeilen profitieren. Die dritte Gruppe versucht hingegen Objekte, die von den ersten beiden Gruppen als furchteinflössend dargestellt worden sind, als harmlos auszuweisen. Schließlich ist die vierte Gruppe bemüht Mittel, Wege, Techniken, Instrumente und Strategien anzubieten, um jenen konkreten Bedrohungen, die gerade als furchterregend gelten, begegnen zu können. Problematisch sieht *Kirsch* nun den Machtmissbrauch einzelner Akteure, der beispielsweise dadurch zu Stande kommen kann, dass ein Anbieter mehrere Akteurstypen vereint. Der Politiker wird als ein solcher Anbieter dargestellt, der seinen Erfolg bei den Wählern sucht, indem er diffuse Ängste in greifbare Furcht umsetzt und gleichzeitig Mittel anbietet, die dazu geeignet sind mit der aufgezeigten Furcht fertig zu werden. Politiker besitzen zudem häufig das Geschick, bestimmte Vorkommnisse zu nutzen, um bestimmte Furchtobjekte zu vermarkten. Andere Politiker nutzen ihre Position, um Furchtobjekte zu projizieren, die nur um des eigenen Erfolges willen als Bedrohung empfunden werden sollen, sich in der Realität aber als harmlos herausstellen. Kirsch sieht also auch in westlichen Demokratien (politökonomische) Gefahren, die sich für die Wirtschaft sowie für die Funktionsweise demokratischer Gemeinwesen aus Angst und Furcht ergeben können.

## 3 Das britische Eisenbahnwesen als Beispiel für wirtschaftliche Auswirkungen politisch induzierter Furcht

Die Ideen von *Kirsch* lassen sich in vielen Bereichen des gesellschaftlichen Alltags beobachten. Ein empirisches Beispiel für *Kirschs* theoretische Ausführungen, bei dem auch die Rollen der einzelnen Marktakteure gut veranschaulicht werden können, bietet sich im britischen Eisenbahnwesen. Nachdem das britische Eisenbahnsystem im Jahre 1994 fundamental reorganisiert wurde, ist es heute, gemessen an der Verkehrsleistung der am schnellsten wachsende Eisenbahnverkehrsmarkt im europäischen Schienenpersonenverkehr der letzten zehn Jahre (ATOC 2004). In der Öffentlichkeit und bei einigen Wissenschaftlern gilt die britische Bahnreform dennoch als gescheitert. Insbesondere auf die unzureichende Verkehrssicherheit, die eine Folge der Privatisierung der Eisenbahn sei, wird häufig verwiesen.[3] Empirisch lässt sich nachweisen, dass das britische Eisenbahnwesen Probleme hat, diese jedoch nicht unmittelbar die Verkehrssicherheit betreffen, sondern vielmehr die Unpünktlichkeit der Züge und die Kostensteigerungen, die wiederum teilweise durch eine zu hohe Wertschätzung der Verkehrssicherheit entstanden sind.[4]

Zur Ausgangslage: Nachdem aufeinander folgende *konservative* Regierungen eine Serie von Privatisierungen in Großbritannien durchgeführt hatten, war die Eisenbahn im Jahre 1993 der letzte zu privatisierende und zugleich der komplexeste Netzsektor. Zwischen den Jahren 1994 und 1997 wurde die Organisation des britischen Eisenbahnwesens dann vollständig verändert. Die wichtigsten Veränderungen waren die institutionelle Trennung der Infrastruktur vom Transportbetrieb im Jahre 1994 und die vollständige materielle Privatisierung des Infrastrukturbetreibers Railtrack im Jahre 1996. Die Reorganisation wurde noch vor der nächsten Wahl im Jahre 1997 vollendet, da die britischen Konservativen befürchteten, nicht wiedergewählt zu werden (Freeman/Shaw 2000). Verschiedene Seiten argumentierten, dass die Privatisierung des Infrastrukturbetreibers auf Grund der politischen Lage übereilt geschehen ist (Foster 2005). Im Allgemeinen hatte die Privatisierung und Reorganisation des britischen Eisenbahnwesens von Beginn an viele Gegner und wurde sehr kontrovers diskutiert (Winsor 2004a: 12f.). Als die Labour-Partei im Jahre 1997 die Regierung übernahm, kündigte sie Veränderungen für die Organisation und Verwaltung des britischen Eisenbahnwesens an, die einen klaren Trend zur Re-Verstaatlichung erkennen ließen. Dieser Trend hält bis heute an, und ob die britische Bahnreform ein Erfolg oder

---

[3] Vgl. beispielsweise Wolmar (1996, 2001).

[4] Für eine detaillierte Analyse der britischen Eisenbahnreform vgl. Nash (2002, 257ff.). Zur aktuellen Entwicklungen vgl. Merkert/Nash (2005).

Misserfolg gewesen ist, soll hier nicht diskutiert werden.[5] Für den Bezug zu Angst und Furcht scheint ein Aspekt der Vorgänge in Großbritannien von besonderem Interesse; die Auswirkungen der Diskussion um die Verkehrssicherheit.

Als Furchtnachfrager kommen in dem gewählten Beispiel insbesondere die Fahrgäste, die Wähler sowie die Manager bei Railtrack und den Transportunternehmen in Frage. Als (Er-)Finder von Furchtobjekten lassen sich vor allem Politiker identifizieren. Nachdem das britische Eisenbahnwesen unter anderem auf Grund unerwartet starken Verkehrswachstums, der übereilten Implementierung komplexer Reformmaßnahmen und unterlassener Investitionen in die Infrastruktur schon kurz nach der Umsetzung der Bahnreform in die Kritik geraten war, nutzten die Vertreter der Labour-Partei eine Reihe von Schienenverkehrsunfällen, um ihre eigenen Vorstellungen plausibler durchsetzen zu können und die Privatisierung Railtracks dem Wähler als gescheitert darzustellen.

Die wahrgenommene Verkehrssicherheit wurde im Allgemeinen seit dem Jahre 2000 zu einem großen Problem für Railtrack, aber auch für seine Nachfolgegesellschaften. Bereits der Ladbroke-Unfall im Jahre 1999 änderte die Einstellung der Politik gegenüber der Verkehrssicherheit, jedoch änderte erst der Unfall in Hatfield den gesamten Verlauf der britischen Eisenbahnreform. Obschon dieser Unfall Unzulänglichkeiten im britischen Eisenbahnwesen aufwies, nutze die Labour-Regierung die Medienaufmerksamkeit in erheblichem Ausmaß, um ihre Position gegen die von der konservativen Partei durchgeführte Privatisierung zu stützen, und machte Verkehrssicherheit zu einer politischen Angelegenheit, ohne mögliche Folgen für die Kosten und Zuverlässigkeit der Eisenbahn zu berücksichtigen.

Seit dem Hatfield-Unfall war es nicht genug, die bisher übliche Prozedur zu durchlaufen, bei der Railtrack untersuchte, was geschehen war, und versprach, den Ursachen gewissenhaft auf den Grund zu gehen. Stattdessen wurden Vorstandsmitglieder von Railtrack diskreditiert, ihre Privatadressen veröffentlicht. Aufgrund der Wahrnehmung, dass Manager jeder Führungsebene fortan für mögliche Folgen von Schienenverkehrsunfällen persönlich haftbar und vor Gericht zu Haftstrafen verurteilt werden konnten, verfiel das gesamte Eisenbahnwesen in eine Risikoaversion. Weil die Manager von Railtrack den Zustand des von ihnen zu verantwortenden Schienennetzes oft selbst nicht kannten, mussten sie ständig Angst haben, dass irgendetwas passieren konnte, wofür sie nun persönlich zu haften hatten. Vor diesem Hintergrund erscheinen viele Handlungen des Railtrack-Managements als Reaktion auf den Hatfield-Unfall verständlich,

---

[5] Vgl. dazu beispielsweise Merkert (2005).

wenngleich sie aus ökonomischer Sicht als irrational zu bewerten sind.[6] Die Kombination von geringem Informationsstand bezüglich des Zustandes des Schienennetzes mit der hohen Gewissheit darüber, dass die Unfallursache Hatfields ein gebrochenes Gleis war, veranlasste das Railtrack-Management, jeden Meter des Schienennetzes auf Gleisbruchgefahr zu untersuchen. Obwohl die Verkehrssicherheit auf dem Schienennetz seit der Privatisierung verbessert wurde, lässt sich argumentieren, dass das Management von Railtrack nach dem Hatfield-Unfall jegliches Selbstbewusstsein verloren hatte und zu Furchtnachfragern wurde. Infolgedessen wurden verschiedene Initiativen gestartet und temporär unzählige Langsamfahrstellen eingerichtet, nur für den Fall, dass an diesen Stellen des Netzes etwas nicht stimmen sollte (Foster 2005). Dadurch nahm Railtrack den Transportunternehmen die Möglichkeit, ihre veröffentlichten Fahrpläne einzuhalten, wodurch schließlich sowohl der Personen- als auch der Güterverkehr auf der Schiene kollabierte (in den ersten Tagen nach dem Hatfield-Unfall fiel die Anzahl der Passagiere um bis zu 40 %) (CFIT 2001).

Im Endeffekt war Railtrack dazu verpflichtet, den Eisenbahnverkehrsunternehmen mehr als £ 500 Mrd. als Kompensation für verlorene Einnahmen zu bezahlen (Kennedy/Smith 2004: 158). Da der Hatfield-Unfall Zweifel am Zustand der Eisenbahninfrastruktur aufkommen ließ, wurden zudem die Instandhaltungs- und Erneuerungsmaßnahmen für das Eisenbahnnetz erhöht, was ebenfalls eine Kostensteigerung für Railtrack bedeutete. Zur gleichen Zeit verlor Railtrack die Kostenkontrolle bei verschiedenen großen Bauprojekten (ORR 2000). Diese Vielzahl von Kostensteigerungen untergrub die finanzielle Basis von Railtrack, belastete den Aktienpreis und begrenzte das Unternehmen in seiner Fähigkeit, Kapital aufzubringen. Deshalb war Railtrack gezwungen, die Regierung um finanzielle Unterstützung zu bitten, und als deutlich wurde, dass die angebotene Hilfeleistung[7] nicht ausreichen würde, entzog die Regierung ihre Unterstützung und überführte Railtrack im Oktober des Jahres 2001 in eine Gesellschaft öffentlichen Rechts (Shaw et al. 2003: 148).

Es ist davon auszugehen, dass weitere Faktoren zur Re-Verstaatlichung Railtracks beigetragen haben. Dennoch haben die Folgen des Hatfield-Unfalls und die Auswirkungen des 11. September 2001 zu großer Furcht bei den Railtrack-Managern sowie zu diffuser Angst bei den Fahrgästen und letztlich bis heute zu massiven Kostensteigerungen geführt, wie Abbildung 1 verdeutlicht.

---

[6] In diesem Fall kann auch Marktversagen durch unvollständige Information (z. B. über die Qualität der Schieneninfrastruktur) angenommen werden.

[7] Insgesamt wurden Railtrack £ 1,5 Mrd. unter bestimmten Bedingungen zur Verfügung gestellt.

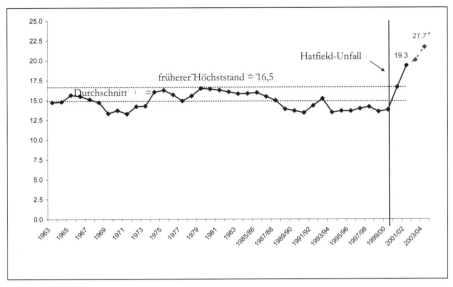

Abb. 1: Gesamte pagatorische Kosten des Eisenbahnwesens pro Zug-Km (in £ Mio.) Quelle: Smith (2004).

Obwohl argumentiert wird, dass British Rail über viele Jahre hinweg zu wenig in die Infrastruktur investiert hat und in den letzten vier Jahren große Teile des Netzes erneuert werden mussten,[8] scheint der rasante Anstieg der Infrastrukturkosten nicht gerechtfertigt (Smith 2005). Als ein Grund für diesen Kostenanstieg kommt der politische Schwerpunktwechsel der Regierung in Frage, welcher an Aussagen von *John Prescot* erkennbar ist. Dieser erklärte vor unzähligen Kameras: „This must never happen again" und meinte damit die Verhinderung von Schienenverkehrsunfällen um jeden Preis. Die Medien dienten in diesem Fall, demnach als Distributoren des durch die Labour-Regierung aufgegriffenen Furchtobjektes „Schienenverkehrsunfall".

Bezüglich des Wertes signifikanter Schienenverkehrsunfälle pro Zugkilometer zeigen jedoch statistische Analysen der Unfallhäufigkeiten sowie der Anzahl der Verkehrstoten und Verletzten, dass die Verkehrssicherheit im britischen Eisenbahnwesen seit Beginn der Bahnreform nicht schlechter geworden ist (HSE 2003 und Evans 2000; 2004). Abbildung 2 zeigt einen stark positiven Trend der Schienenverkehrssicherheit, und *Evans* berechnete für alle Arten von Schienenverkehrsunfällen, dass sich die Schienenverkehrssicherheit seit der Privatisierung Railtracks schneller verbessert hat, als dies unter British Rail der Fall gewesen ist (Evans 2004: 1).

---

[8] In den siebziger Jahren wurden Großteile des Netzes erneuert, und aufgrund des Investitionszyklus sind diese Teile des Netzes nach ca. 20 Jahren wiederum erneuerungsbedürftig.

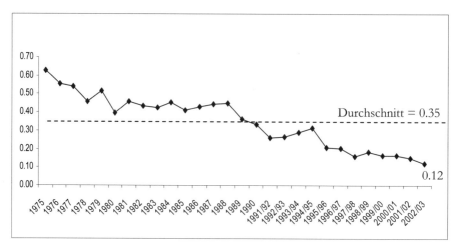

Abb. 2: Anzahl der signifikanten Eisenbahnverkehrsunfälle pro Mio. Zug-km Quelle: Evans (2004), S. 9 ff.; HSE (2003b), S. 30 ff.

Im europäischen Vergleich wird erkennbar, dass die Schienenverkehrssicherheit in Großbritannien ebenfalls besser ist, als ihr Ruf glauben machen könnte. Obwohl in Großbritannien in den letzten Jahren wesentlich mehr reorganisiert wurde als in den meisten europäischen Ländern, liegen die britischen Werte bezüglich der Schienenverkehrssicherheit im europäischen Durchschnitt (RSSB 2004: 29). Es wird demnach offensichtlich, dass die Schienenverkehrssicherheit in der Realität nicht gefürchtet werden muss, aber als Furchtobjekt von den Politikern angeboten und von den Medien distribuiert worden ist.

## 4    Fazit

Es wird insgesamt deutlich, dass Politiker das Furchtobjekt „Verkehrssicherheit" thematisiert, für ihre eigenen politökonomischen Zwecke benutzt haben, und dadurch im Endeffekt in ihrer Höhe teils unnötige Investitionen zur Verkehrssicherheitverbesserung getätigt wurden. In dem gewählten Beispiel wurden demnach bisher drei Akteure identifiziert. Die Politiker als Furcht(er)finder und Anbietern von Mitteln zur Furchtbekämpfung, die Medien als Furchtverteiler und schließlich die Wähler, Fahrgäste sowie das Management von Railtrack bzw. seinen Nachfolgeunternehmen als Furchtnachfrager. Als letzte Gruppe lassen sich auch in diesem Beispiel Akteure identifizieren, die das dargestellte Furchtobjekt als harmlos entlarven. Neben verschiedenen Politikern sind hier insbesondere Wissenschaftler, wie z.B. *Andrew Evans* zu nennen. Durch die Veröffentlichung der Verkehrsunfallstatistiken wird die Angst der Fahrgäste in greifbare und kaum wahrnehmbare Furcht transformiert, bzw. die bisher gefühlte unbestätigte Furcht verdrängt.

Das Ergebnis der analytischen Diskussion und die aus dem Praxisbeispiel gewonnenen Erkenntnisse zeigen, dass Angst und Furcht in demokratischen Systemen durchaus wünschenswert und förderlich für die Weiterentwicklung von Wirtschaftssystemen sein können. Es wurde jedoch auch deutlich, dass mit beiden Gefühlen Schaden verursacht und Missbrauch betrieben werden kann. Daraus abzuleiten ist die wirtschaftspolitische Forderung nach einem starken Staat im Sinne *Euckens*, der die liberale Ordnung so arrangiert, dass kein Anbieter oder Nachfrager langfristig seine Marktmacht missbrauchen kann und größtmögliche Transparenz im System herrscht. Angst sollte sich frei entfalten können und schnellstmöglich in Furcht transformiert werden, sofern tatsächlich eine Gefahr für den Einzelnen vorliegt. Insbesondere die Akteure auf der Angebotsseite für Furchtobjekte, also die (Er-)Finder, die Distributoren, die Verharmloser von Furchtobjekten sowie die Anbieter von Mitteln zur Gefahrenbekämpfung sind in einen freien Wettbewerb zu stellen.

## Literatur

ATOC (2004): *Ten-year European Rail Growth Trends*, A Study by The Association of Train Operating Companies, London.

Commission for Integrated Transport, CFIT (2001): *Facts Sheet No. 1: The Impact of Post Hatfield Rail Disruption*, http://www.cfti.cov.uk/factsheets/01/index.htm, 03.06.04.

Evans, Andrew W. (2000): *Fatal Train Accidents on Britain's Mainline Railway*s, Journal of the Royal Statistical Society, A, 163, part 1, S. 99-119.

Evans, Andrew W. (2004): *Rail Safety and Rail Privatisation in Britai*n, Inaugural Lecturer, June 2004, London.

Foster, Christopher D. (2005): *British Government in Crisis*, Oxford: Hart Publishing.

Freeman, Roger/Shaw, Jon (2000): *All Change: British Railway Privatisation*, London: McGraw-Hill.

Frey, Bruno S./Stutzer, Alois (2002): *What can economists learn from happiness research?*, Journal of economic literature, Bd. 40, S. 402-435.

Frey, Bruno S./Easterlin, Richard A. (2003): *Happiness and economics*, Journal of economic literature, Bd. 41, S. 216-218.

Health and Safety Executive, HSE (2003): *Railway Safety 2002/03*, HSE Books, Sudbury: Suffolk.

Kennedy, John/Smith, Andrew S. J. (2004): *Assessing the Efficient Cost of Sustaining Britain's Rail Network: Perspectives Based on Zonal Comparisons*, Journal of Transport Economics and Policy, Vol. 38, No. 2, S. 157-190.

Kirsch, Guy (2005): *Angst vor Gefahren oder Gefahren durch Angst?: zur politischen Ökonomie eines verdrängten Gefühls*, Zürich: NZZ.

Maslow, Abraham (1977): *Motivation und Persönlichkeit*, Olten, Freiburg: Walter.

Mayo, Elton (1945): *The Social Problems of an Industrial Civilization*, Boston: Harvard University Press.

Merkert, Rico (2005): *Die Reorganisation und Zukunft des Eisenbahnwesens in Großbritannien*, Volkswirtschaftliche Diskussionsbeiträge der Wirtschafts- und Sozialwissenschaftlichen Fakultät, Nr. 78, Universität Potsdam.

Merkert, Rico/Nash, Christopher A. (2005): *The Restructuring of the Rail System in Britain – An assessment of recent developments*, in: IEA readings on railways policy, London, forthcoming.

Nash, Christopher A. (2002): *Regulatory Reform in Rail Transport – the UK experience*, Swedish Economic Policy Review, Vol. 9, No. 2, S. 257-286.

Office of the Rail Regulator, ORR (2000): *The Periodic Review of Railtrack's Access Charges*, Final Conclusions Volume I, London.

Rail Safety and Standards Board, RSSB (2004): *Annual Safety Performance Report 2003*, London.

Shaw, Jon/Walton, William/Farrington, John (2003): *Assessing the potential for a 'railway 'renaissance' in Great Britain*, Geoforum, Vol. 34, S. 141-156.

Smith, Andrew S. J. (2004): *Essays on Rail Regulation: Analysis of the British Privatisation Experience*, Judge Institute for Management, Cambridge: University of Cambridge Press.

Smith, Andrew S. J. (2005): *Are Britain's Railways Costing Too Much? Perspectives Based on TFP Comparisons with British Rail; 1963 – 2002*, Journal of Transport Economics and Policy, forthcoming.

Winsor, Tom (2004): *The Relationship Between the Government and the Private Sector: Winsor -v- Bloom in Context*, The 2004 Incorporated Council of Law Reporting Annual Lecture, April 2004, London.

Wolmar, Christian (1996): *The Great British Railway Disaster, How Privatisation Wrecked Britain's Railways*, Ian Allan, London.

Wolmar, Christian (2001): *How Privatisation Wrecked Britain's Railways*, Bodmin, MPG Books Ltd.

# Ökonomik der Reform

## Thomas Straubhaar[*]

Wie gebannt blickte Deutschland die letzten Wochen nach Berlin. Die Chaos-Wahl, die „keine Macht für niemand" brachte, wie es der Spiegel in seinem Wahlsonderheft formulierte, machte eines klar: Deutschland hat nicht nur ein Erkenntnisproblem. Deutschland hat ein Umsetzungsproblem. Wer marktwirtschaftlich unverzichtbare und ordnungspolitisch schlüssige Vorschläge für eine fundamentale Neuordnung des Föderalismus, für eine grundlegende Vereinfachung des Steuersystems oder für eine weitreichende Flexibilisierung des Arbeitsmarktes vorlegt, hat den zweiten Schritt vor dem ersten gemacht. So überzeugend die Konzepte auch sein mögen. Sie sind für die wirtschaftspolitische Praxis wenig hilfreich, solange offen bleibt, „wer" Reformen tatsächlich umsetzen soll.

Wer das Reformrad mit Schwung drehen und in Bewegung bringen will, muss zunächst den Reformprozess verstehen und sollte erst danach die Reforminhalte festlegen. Es gilt aufzudecken, wie gegen eine Mehrheit strukturschwacher Bundesländer der Länderfinanzausgleich in Richtung weniger Gleichmacherei korrigiert werden kann, wie sich in einer alternden Gesellschaft gegen die steigende Zahl älterer und alter Menschen eine stärker werdende Belastung der Jüngeren verhindern lässt und wie sich Arbeitslose gegen die Macht gut organisierter Interessengruppen politisches Gehör zu verschaffen vermögen. Nur wer die Ökonomik der Reform verstanden und erkannt hat, „wer" Reformen „wie" anzuschieben in der Lage ist, darf hoffen, erfolgreich durchführen zu können, „was" in Deutschland längstens hätte gemacht werden müssen.

Weitreichende Veränderungen sind leichter durchzuführen, solange das Wohlstandsniveau noch einigermaßen hoch ist. Es fällt leichter, die langfristig überlebenswichtigen Reformen anzupacken, solange zumindest einzelne Sektoren der Wirtschaft noch Reserven haben. Je länger gewartet wird, umso enger werden die Spielräume, nicht zuletzt der demographischen Alterung wegen. In Deutschland werden Strukturreformen künftig als Folge der demographischen Alterung auf

[*] Prof. Dr. Thomas Straubhaar ist Präsident des Hamburgischen Welt-Wirtschafts-Archivs (HWWA) und Leiter des Hamburgischen WeltWirtschafsInstituts (HWWI).

doppelten Widerstand stoßen. Einerseits finden strukturelle Reformen wegen der langen Verzögerung, bis sie positiv zu wirken beginnen, kaum die Zustimmung der Älteren. Andererseits gewinnen in einer alternden Gesellschaft die Älteren und Alten ständig an politischem Gewicht.

Zusammengenommen heißt das, dass sich langfristige Veränderungen zugunsten der Jüngeren und gegen die Interessen der immer zahlreicheren Älteren kaum mehr werden durchsetzen lassen. Dann könnte der Generationenvertrag zum Generationenkonflikt werden.

Damit kommende Generationen die Lasten schultern können, die ihnen (ungefragt) von der heutigen Generation aufgebürdet und zugemutet werden, müssen jetzt die Strukturen gestärkt werden, um morgen wirtschaftliches Wachstum zu ermöglichen. Mehr Wachstum ist die beste Voraussetzung, um die demographischen Herausforderungen zu meistern und Maßnahmen für „mehr Gerechtigkeit" zu finanzieren. Sicher ist: Eine Politik, die möglichst wachstumsfreundlich ist, ist gleichzeitig auch eine gute Sozialpolitik. Nur eine starke Wirtschaft wird in der Lage sein, die Schwachen der Gesellschaft zu unterstützen. Deshalb ist es für die potentiellen Opfer des Strukturwandels eben gerade nicht zielführend, Reformen zu blockieren. So paradox es klingen mag, das Gegenteil ist zutreffend. Nur wenn dank einem raschen Strukturwandel die Wirtschaft insgesamt wächst, entstehen die notwendigen Umverteilungsspielräume. Ohne Wachstum wird es langfristig keine solide Finanzierung der Sozialpolitik und somit auch keine wie auch immer definierte „soziale" Gerechtigkeit geben. Das wird den sozialen Frieden in Deutschland unvergleichlich stärker gefährden als jede Reform zugunsten eines stärkeren Wirtschaftswachstums.

Was kann getan werden, um die Reformfähigkeit von Volkswirtschaften zurückzugewinnen? Wie kommen Reformprozesse in Gang? Wer verhindert sie? Welche Eigenschaften und Umstände erschweren Reformen? Wer sind die Spieler im politökonomischen Gefüge, und welchen Spielregeln folgen sie? Was muss geschehen, damit die wirtschaftliche Realität sich verändert? Die Geschichte erfolgreicher und gescheiterter Reformversuche liefert der Theorie reichhaltiges Anschauungsmaterial.

Regeln und Verfahren, soziale Normen, staatliche Gesetze und Organisationen bilden den äußeren Rahmen, in dem Menschen ihre sozialen und wirtschaftlichen Tätigkeiten ausüben. Sie legen die Beziehungen von Zusammenarbeit und von Wettbewerb fest, die eine Gesellschaft und insbesondere eine Wirtschaftsordnung ausmachen. Der Nutzen von vernünftig angelegten Institutionen liegt darin, dass sie den Menschen erlauben, unabhängig von den anderen ihre Ziele zu verfolgen. Jeder Verkehrsteilnehmer verlässt sich auf die geltenden Verkehrsregeln. Regeln ermöglichen es jedem Handelnden, das Verhalten anderer vorherzusagen. Fehlen solche Institutionen, entsteht Unsicherheit. Entsprechend verhält es sich mit Eigentumsrechten („property rights"). Sie geben den Individuen die Möglichkeit, zu planen, zu kalkulieren und zu investieren. Nur dank Institutionen können sich Vertragspartner darauf verlassen, dass Verpflichtungen gegenseitig eingehalten werden. Ohne die notwendigen Institutionen fällt es einer Gesellschaft schwer, sich über das Subsistenzniveau hinaus zu entwickeln.

Interessant ist zunächst die grundsätzliche Frage nach dem Zusammenhang von Demokratie, Wachstum und Wohlstand. Die Wechselwirkungen sind umstritten. Autoren wie Milton Friedman argumentieren, dass sich politische und ökonomische Freiheiten gegenseitig befördern. Rechtsstaatlichkeit („rule of law") gilt als ausschlaggebende Determinante für Wirtschaftswachstum.

Die Einführung demokratischer Prinzipien und Institutionen befördert in wenig entwickelten Ländern generell auch die Rechtsstaatlichkeit und damit das Wirtschaftswachstum.

Daraus lässt sich allerdings nicht automatisch schließen, dass in entwickelten Ländern ein zusätzliches Maß an politischer Beteiligung zusätzliches Wachstum bedeutet. Stark vereinfacht ist ein Zusammenhang zwischen demokratischer Partizipation und Wachstum zu vermuten. Je nachdem, in welchem Zustand sich ein Land befindet, befördert oder behindert ein Mehr an politischer Beteiligung das Wachstum. „Zu viel Demokratie", gemessen am Ausmaß politischer Beteiligung, kann Wachstum auch beeinträchtigen. Das leuchtet ein, wenn man sich den Extremfall einer maximalen politischen Partizipation vor Augen führt, bei der jede politische Entscheidung der gesamten wahlberechtigten Bevölkerung vorzulegen ist. In vielen entwickelten Demokratien können sich gut eingespielte Interessengruppen am Entscheidungsprozess beteiligen. Es besteht aber ein Optimum an demokratischer Partizipation, auf das sich eine Gesellschaft immer wieder zurückbesinnen sollte.

In einem Wirtschaftssystem bestehen grundsätzlich zwei Möglichkeiten, Einkommen zu erzielen. Menschen können produktive wirtschaftliche Tätigkeiten entfalten („rent creation") und die produzierten Güter und Dienstleistungen auf dem Markt anbieten. Sie verfügen aber auch über die Möglichkeit, staatliche Institutionen zu Umverteilungsmassnahmen zu ihren Gunsten zu veranlassen („rent seeking"). Dem auf diese Weise erzielten Einkommen steht keine produktive Leistung gegenüber.

Es entsteht eine „ökonomische Rente", die auf politisch erwirkten Vorteilen beruht (zum Beispiel höheren Gewinnen dank politischem Schutz vor Wettbewerb). Eine Gesellschaft, in der die Suche nach solchen Renten lohnender ist als das Streben nach wirklichen ökonomischen Wettbewerbsvorteilen (zum Beispiel Kosteneinsparungen dank neuen Produktions-, Prozess- oder Organisationstechniken), wird als „rent-seeking society" bezeichnet. „Rent seekers" beziehen ein Einkommen, das letztlich durch produktive Leistungen anderer finanziert wird.

In einer stabilen Gesellschaft nimmt im Zeitverlauf die Zahl der rentensuchenden Interessengruppen und deren Einflussnahme auf die Einkommensverteilung zu. Je grösser ihr Anteil, desto geringer wird die Produktivität einer Volkswirtschaft. Die „rent-seeking society" trägt den Keim eines Teufelskreises in sich. Je mehr sich die Gesellschaft dem Diktat rentensuchender Interessengruppen fügt, desto grösser wird der Anreiz für den Einzelnen, selber zum „rent seeker" zu werden. Der Grund für diesen Teufelskreis liegt in den hohen Fixkosten, die für einen erfolgreichen Wahlkampf, Werbung oder für die Organisation von Interessengruppen aufzubringen sind, um an die Hebel der politischen Macht zu kommen. Einmal dort angekommen, weisen solche Aktivitäten Skalenerträge auf. Je zahlreicher die „rent seekers" werden, umso mehr schaden sie der Volkswirtschaft als Ganzes. Immer mehr Ressourcen werden der produktiven Verwendung entzogen und zu rentensuchenden Zwecken eingesetzt, auch im öffentlichen Sektor. Unterstützend für den Prozess wirken kooperierende Behörden („captured bureaucracy)". Verwaltungen neigen dazu, zur Steigerung des eigenen Einflusses „rent seekers" zu bedienen; es entsteht eine „kollusive Gegenstruktur".

Sowohl die Marktwirtschaft als auch die Politik tendieren in der langen Frist zu einem Gleichgewicht, in dem es keine ökonomischen Gewinne, keine neuen Renten und keine Dynamik mehr gibt. Menschen passen sich im Laufe der Zeit den jeweiligen Institutionen und Rahmenbedingungen an. Dafür nehmen sie Kosten auf sich, um Fabriken zu bauen, einen Handwerksbetrieb zu errichten, aber auch Kosten, um Netzwerke zu knüpfen, sich politisch zu engagieren, um für sich Vorteile zu erlangen. Früher oder später sind die „claims" abgesteckt. Es gibt keine neuen Gebiete mehr zu erobern oder zu verteilen. Für immer mehr Menschen bedeuten von diesem Punkt an Veränderungen einen Verlust der erreichten Besitzstände. Langsam, aber sicher entstehen Blockaden.

Die Ineffizienz eines solch verzerrten Systems steigert sich noch, wenn auch für gut ausgebildete und kreative Menschen Karrieren in der staatlichen Bürokratie, bei Verbänden, in der Kirche oder in der Armee attraktiver werden als Unternehmertätigkeiten. Wirtschaftliche Unternehmer werden zunehmend zu politischen Unternehmern, wenn die Suche nach staatlich vermittelten Vorteilen einzelwirtschaftlich reizvoller erscheint als ein Streben nach Erfolg im Wettbewerb. „Outsiders" werden zunächst versuchen, sich den „insiders" anzuschliessen, um sich auch einen Anteil vom Rentenkuchen zu sichern. Die Zahl der „rent seekers" steigt ständig, und die der produktiven Kräfte sinkt.

Wer im Verteilungskampf unterliegt und leer ausgeht, hat noch die Möglichkeit zwischen „Widerspruch" („voice") und „Abwanderung" („exit"). Wenn es den

Interessengruppen bei der Regierung gelingt, den „Widerspruch" zu unterdrücken, bleibt allein die Alternative „exit", die mit wachsender Zahl der Abwanderer attraktiver wird. Zurück bleibt eine immer unproduktivere Volkswirtschaft mit erstarrten Strukturen.

Die „rent-seeking society" macht deutlich, warum eine lang anhaltende Wachstumsschwäche zu einem schleichenden Niedergang einer Volkswirtschaft führt. Da die Wertschöpfung kaum noch wächst, werden die Verteilungskämpfe härter. Die rentensuchenden Kleingruppen sind in der Regel besser organisiert als die heterogenen rentenzahlenden Grossgruppen, die sich vor allem aus Steuerzahlenden und Konsumenten zusammensetzen. Sie verfügen über lange und gut eingespielte Kanäle, um ihren Interessen Nachdruck zu verleihen. Regierungen in entwickelten Demokratien finden sich schliesslich in einem Geflecht von Partikularinteressen gefangen, sie leiden unter „institutioneller Sklerose". Kommt der Strukturwandel zum Stillstand, droht die „Verkrustung". Sie führt zu einem sinkenden Wirtschaftswachstum und langfristig zu Stagnation und Niedergang.

Die Ökonomik der Reform analysiert die Auswege aus dem Teufelskreis. Sie sucht nach der Mechanik von institutionellen Veränderungen, um einen Reformprozess anzustossen und durchzusetzen.

Warum dauert es so lange, bis Reformen umgesetzt werden, obwohl ökonomische Rationalität und der gesunde Menschenverstand dazu raten? Weshalb tun sich Entscheidungsträger mit Reformen so schwer? Im Vordergrund stehen drei Erklärungen: Erstens wird ökonomischer Rat nicht gehört, weil er oft als irrelevant erscheint, unverständlich formuliert ist und vielstimmig kommuniziert wird – nach dem Motto: zwei Ökonomen, drei Meinungen. Zweitens werden die Tauglichkeit des Rats und die politische Durchsetzbarkeit bezweifelt.

Nicht selten sind Expertenvorschläge rechtlich gar nicht, kaum oder erst nach vielen Gesetzesänderungen umsetzbar. Drittens ruft jeder Reformvorschlag Interessengruppen auf den Plan, die sich gegen jene Änderungen wehren, von denen sie negativ betroffen wären.

Die Wahrscheinlichkeit, dass Reformen im politökonomischen Gefüge in Gang kommen, ist sehr gering. Politiker, Wähler, Interessengruppen und Verbände sind nicht wirklich motiviert, Reformen in Angriff zu nehmen, auch wenn einige Interessengruppen zu den Gewinnern von Reformen gehören. Diese stehen potentiellen Reformverlierern gegenüber, die alles daran setzen, den Reformprozess zu verhindern. Zudem entstehen bei der Koordination von politischen Transaktionen Kosten, die sich auch zulasten von Reformen auswirken. Schliesslich bringt das politische System Vetospieler hervor, die sich gegenseitig blockieren.

In jeder entwickelten Gesellschaft bilden sich im Laufe der Zeit Elemente einer „rent-seeking society", in der Interessengruppen versuchen, Wettbewerb und Marktmechanismen zu ihren Gunsten ausser Kraft zu setzen. Sind solche Verzerrungen einer Volkswirtschaft einmal gegeben, sind zunehmend Ressourcen notwendig, um den einmal erreichten Besitzstand zu bewahren. Im Geflecht der Interessen und Anreize haben die Bewahrer aus verschiedenen Gründen bessere Karten als die Reformer, die Strukturen verändern wollen.

Nicht nur direkt betroffene Interessengruppen sind meist gegen Reformen eingestellt. Auch Bürger und Politiker neigen zum Status quo. In demokratischen Systemen gibt es mehr oder weniger zahlreiche Vetospieler, die Veränderungen verhindern oder zumindest bremsen können. Die Theorie zeigt aber auch Lösungswege auf. Unter bestimmten Bedingungen sind Reformen möglich, nicht selten unter dem Leidensdruck einer tiefgreifenden Krise.

Wenn die Unzufriedenheit mit der Gegenwart die Angst vor Veränderungen übertrifft, wenn eine glaubwürdige Regierung die Reform klar kommuniziert und mit Bestimmtheit Signale setzt und Partikularinteressen zurückdrängt, sind Veränderungen möglich. Graduelles Vorgehen scheint dabei aus der Sicht von Experimentier- und Lernkosten weniger riskant zu sein als eine Big-Bang-Strategie. Länder mit tiefverwurzelten Verteilungskonflikten und mit mächtigen Interessengruppen tun jedoch gut daran, Reformen zu einem Paket zu bündeln, in dem Reformkosten sichtbar verteilt sind.

Wie es in der Marktwirtschaft den Schumpeter'schen Unternehmer braucht, der den Frieden stört und der im Streben nach Gewinn mit Innovationen nach neuen Monopolstellungen sucht und so der Ökonomie wieder zu Dynamik und Wachstum verhilft, müsste somit am Anfang von Reformprozessen ein Schumpeter'scher Politiker stehen. Er müsste auf der Suche nach besseren Wahlchancen oder Macht und Prestige das Konsenskorsett sprengen und neuen Institutionen und Rahmenbedingungen zum Durchbruch verhelfen und so den politischen Stillstand überwinden. Es ist eben nicht so, dass gute Spiele nur von guten Spielregeln abhängen. Sie hängen genauso von guten Spielern ab. Zwar bestimmen Institutionen, wie letztlich politische Macht und wirtschaftliche Erträge verteilt werden. Aber die Institutionen sind nicht gott-gegeben. Sie lassen sich ändern. Und Politiker sind dann zu Änderungen der Institutionen bereit, wenn sie mit der Unterstützung der Öffentlichkeit rechnen können, was bestenfalls mit einem steigenden Problembewusstsein und schlechtestenfalls nach einem Systemzusammenbruch der Fall sein kann.

# Political Entrepreneurship: Productive, Unproductive and Destructive –
# Korreferat zu Thomas Straubhaar

### Achim Hecker*

1    Das Instrumentarium: Eine Ökonomik der Reformen............................ 129

2    Die Diagnose: „Rent seeking"-Society........................................... 130

3    Die Therapie: Politisches Unternehmertum ................................... 131

     Literatur..................................................................................... 132

# 1    Das Instrumentarium: Eine Ökonomik der Reformen

"Ich weiss nicht, ob es besser wird, wenn es anders wird; aber dass es anders werden muss, wenn es besser werden soll, das weiss ich." Diese von Georg Christoph Lichtenberg zugespitzte Initialerkenntnis jeder Reform beflügelt derzeit politische Funktionäre jeder Couleur, wie sie die Hoffnungen und Ängste der Bürger um die Zukunft(sfähigkeit) ihres Landes bewegt. Da die Programme nahezu aller politischen Parteien in ihren Inhalten weitgehend korrespondieren, in ihren Zielsetzungen gar konvergieren, sollte die letzte Bundestagswahl vor allem Aufschluss darüber geben, *wer* diese Reformen umzusetzen hat. Doch genau hierzu verweigerte das Volk ein eindeutiges Votum. Während die daraus resultierende Ambivalenz in Blockade und Lähmung umzuschlagen droht, rückt ein Problemkomplex ins Zentrum der Betrachtung, der in den hitzigen Debatten über die richtigen Konzepte und Lösungen leicht in Vergessenheit gerät: die Fähigkeiten des politischen Systems, Reformen überhaupt durchzuführen, seine Umsetzungseffizienz. Auch wenn man nicht so weit gehen muss, Reforminhalte vollkommen den Gesetzen und Determinanten des Reformprozesses unterzuordnen – zum einen ist dieser von den jeweiligen Inhalten nicht unabhängig,

---

* Dr. Achim Hecker ist Habilitand am Lehrstuhl für Betriebswirtschaftslehre, insbesondere Personal- und Organisationsökonomie an der Albert-Ludwigs-Universität Freiburg.

zum anderen gerät, wer „das Sollen" aus „dem Sein" deduziert, in die Nähe eines naturalistischen Fehlschlusses –, wird derjenige aller Voraussicht nach scheitern, der den Blick für das Machbare verliert und die Restriktionen der Realität falsch einschätzt. Das Machbare in der Politik wird bestimmt durch spezifische Regeln und Verfahren, Akteure und Ressourcen, kurz: durch Institutionen und Interessen, die das politische Handeln leiten und prägen. Ihre kritische Analyse – Straubhaar nennt sie eine Ökonomik der Reformen – ist folglich notwendiges Präliminarium jeder gelingenden Reform. „Nur wer die Ökonomik der Reform verstanden und erkannt hat, „wer" Reformen „wie" anzuschieben in der Lage ist, darf hoffen, erfolgreich durchführen zu können, „was" in Deutschland längstens hätte gemacht werden müssen." (Straubhaar: 124)[1].

## 2    Die Diagnose: „Rent seeking"-Society

Eine wesentliche Diagnose, die diese Ökonomik der Reformen der gegenwärtigen Gesellschaft stellt, lautet mit einem Wort: „Rent-seeking Society". Damit bezeichnet sie eine Gesellschaft, in der sich auf Umverteilung zielende Aktivitäten („rent seeking") mehr lohnen, als wirklich wertschöpfende Tätigkeiten („rent creation"). Fraglos führt „rent seeking" zu Ineffizienzen, und zwar in einem dreifachen Sinne: Es vergeudet erstens Ressourcen für unproduktive Beeinflussungsaktivitäten; es führt zweitens zu einer ineffizienten Allokation der verfügbaren Ressourcen, die sich nicht mehr (nur) nach der Produktivität ihrer Verwendung richtet; schließlich verdünnt es die Anreize zu produktiven Aktivitäten und demotiviert so die verbleibenden „rent creators". Dass aus diesen Wirkungen jedoch unmittelbar ein sich selbst verstärkender Prozeß – Straubhaar spricht von einem Teufelskreis – folgen soll, bei dem in einer stabilen Gesellschaft der Anteil der „Rent seeking"-Aktivitäten mit dem Zeitablauf immer größer wird, scheint nicht zwingend. Viel eher ist zu erwarten, dass mit steigendem Umfang solcher „Rent seeking"-Aktivitäten und entsprechend abnehmender Größe des umzuverteilenden Rentenkuchens der zunehmende Wettbewerb zwischen den „rent seekers" dafür sorgt, dass die erzielbaren Umverteilungsrenten abgebaut werden und damit die Anreize zu solchen Aktivitäten schwinden. Wo sich ein entsprechendes Gleichgewicht jedoch auch immer einpendelt, es ist nach dem oben Gesagten kaum effizient: Weder erreicht der zu verteilende Rentenkuchen seine maximale Größe, noch genügt die Verteilung seiner Stücke ökonomischen oder normativen Kriterien.

---

[1] Zitate oder Verweise ohne Angaben des Erscheinungsjahres beziehen sich auf den Beitrag in diesem Band.

## 3    Die Therapie: Politisches Unternehmertum

Reformen anstoßen heißt dann, dieses ineffiziente Gleichgewicht zu stören, eine Dynamik zu erzeugen und gegen die Interessen der vom Status quo Begünstigten und damit potenziellen Reformverlierer, trotz Transaktions- und Transformationskosten sowie der generellen Risikoaversion der normalen Bürger am Laufen zu halten – mit dem Ziel steigender Wertschöpfung (eines größeren Rentenkuchens) und einer effizienteren bzw. gerechteren Verteilung. Doch – und hier sind wir wieder bei der Ausgangsfrage – *wer* kann und soll dies tun?

Ein politischer Unternehmer vom Schumpeter'schen Schlage, lautet Straubhaars Vorschlag. Wie dieser in der Ökonomie mit Innovationen überkommene Strukturen und eingefahrene Denkmuster kreativ (zer)stört und Stagnation im Hinblick auf Wachstum und Dynamik überwindet, soll er auch in der Politik verkrustete Strukturen aufbrechen und als Ideengeber und Schrittmacher politische Reformen vorantreiben. Dazu bedarf es offensichtlich Akteure mit hinreichendem kreativem Potenzial und unternehmerischem Talent in der Politik. Dann überrascht es zunächst, dass Straubhaar zugleich beklagt, dass immer mehr „gut ausgebildete und kreative Menschen Karrieren in der staatlichen Bürokratie" (127) privatwirtschaftlichen Tätigkeiten vorziehen. Zwar ist der eigentliche Punkt seiner Kritik, dass sie dieses aus einer dem „rent seeking" und nicht der „rent creation" geschuldeten Motivation tun – aber handelt es sich letztlich nicht auch bei „rent seeking" um eine Form von (politischem) Unternehmertum? Durchaus. Unmittelbar fühlt man sich an den Kirzner'schen Unternehmertypus des Arbitrageurs erinnert (Kirzner 1973; 1997), doch Schumpeter (1943: 66) selbst nennt bekanntlich als eine von fünf Innovationsmöglichkeiten, die Unternehmern zu Gebote stehen, die Schaffung neuartiger Formen von Wettbewerbsbeschränkungen, sicherlich eine Form von „rent seeking" und nicht „rent creation".

Offensichtlich ist Unternehmertum – ob politisch oder ökonomisch – nicht auf produktive Tätigkeiten festgelegt. Vielmehr gibt es, wie schon Baumol (1990; 2004) mit Nachdruck betonte, von dem auch der Titel dieses Textes geborgt ist, produktive Formen von Unternehmertum (z. B. Produkt- oder Prozessinnovationen, substanzielle politische Reformvorhaben) genauso wie unproduktive (Arbitrage, Lobbyismus) oder sogar destruktive Spielarten (organisierte Kriminalität, militärische Konflikte). Die entscheidende Frage lautet dann, wie für genügend *produktives* Unternehmertum gesorgt werden kann, um ökonomische wie politische Dynamik im Sinne von Wachstum und der Modernisierung überkommener Gesellschaftsstrukturen sicherzustellen. Für Baumol ist das weniger eine Frage nach einer bestimmten Kultur, einem gesellschaftlichen Werte- oder Ausbildungssystem; vielmehr handelt es sich um ein ökonomisches Allokations- und Anreizproblem: Anhand historischer Evidenz argumentiert er, dass es sich beim „Unternehmertum" um eine relativ homogene Ressource handelt, die in allen Gesellschaften und zu allen Zeiten in etwa vergleichbarem Ausmaß vorhanden ist. Stark variiert hingegen die Aufteilung auf produktive, unproduktive und destruktive Aktivitäten. „This allocation is heavily influenced by the relative payoffs society offers to such activities. This implies that policy can influence the allocation of entrepreneurship more effectively than it can influence its supply." (Baumol 1990: 893). Durch das Setzen der richtigen Anreize, das Formen adäquater Institutionen kann es gelingen, hinreichendes unternehmerisches Talent dorthin zu lenken, wo es ein politisches System dringend braucht, um Anreize richtig zu setzen und Institutionen richtig zu formen. Ein Patient, der sich selbst therapiert – das klingt nach einer großen Herausforderung und einer Münchhauseniade zugleich.

## Literatur

Baumol, William J. (1990): *Entrepreneuship: Productive, Unproductive, and Destructive*, Journal of Political Economy, Vol. 98, No. 5, S. 893-921.

Baumol, William J. (2004): *On Entrepreneuship, Growth and Rent-Seeking: Henry George Updated.*, The American Economist, Vol. 48, No. 1, S. 9-16.

Kirzner, Israel M. (1973): *Competition and Entrepreneurship*, Chicago: University of Chicago Press.

Kirzner, Israel M. (1997): *Entrepreneurial discovery and the competitive market process: An Austrian approachompetition*, Journal of Economic Literature, Vol. 35, S. 60-85.

Schumpeter, Joseph A. (1934): *The Theory of Economic Development*, Cambridge/Mass.: Harvard University Press.

# Freiburger Wirtschaftswissenschaftler e.V.

Der Verein ist die Absolventenvereinigung des Bereichs Wirtschaftswissenschaften der Albert-Ludwigs-Universität Freiburg. Der Verein wurde 1989 gegründet und zählt heute ca. 1.200 Mitglieder aller Altersstufen und Examensjahrgänge.

Ein Hauptziel des Vereins besteht darin, den Absolventinnen und Absolventen ein interessantes Forum zu bieten, das sie über die Studienzeit hinaus mit ihrer Universität verbindet. Im Laufe der Zeit ist auf diese Weise ein Netzwerk entstanden, mit dem das enorme Potential an Wissen, praktischer Erfahrung und persönlichen Kontakten der „Ehemaligen" erschlossen und genutzt werden kann.

Zur Pflege und zum weiteren Ausbau dieses Netzwerkes bieten wir unseren Mitgliedern...

- *jährliche Mitgliedertreffen*, mit der Gelegenheit, ehemalige Kommilitoninnen und Kommilitonen sowie Professoren wieder zu treffen.

- *die „Zeitschrift der Freiburger Wirtschaftswissenschaftler"*. Die Mitgliederzeitschrift erscheint zweimal im Jahr mit den neuesten Nachrichten vom Verein und aus der Fakultät, aktuellen Veranstaltungshinweisen und wissenschaftlichen Beiträgen.

- *das Mitgliederverzeichnis*. Jedes Mitglied erhält jährlich ein aktuelles Mitgliederverzeichnis. Darin sind die Kontaktmöglichkeiten und beruflichen Positionen aller Mitglieder aufgeführt.

- *Stammtische*. In vielen Städten werden von unseren Mitgliedern regelmäßige Zusammenkünfte organisiert. Diese bieten eine gute Möglichkeit, erste Kontakte „in der Fremde" zu knüpfen.

- *Examensfeier*. In jedem Jahr lädt der Verein alle Absolventinnen und Absolventen ein, zusammen mit Angehörigen, Freunden und Professoren den Abschluss ihres Studiums zu feiern.

Neben diesen Aktivitäten möchten wir vor allem die wirtschaftswissenschaftliche Tradition – insbesondere die Tradition der Freiburger Schule – unserer Universität bewusst machen und erhalten. Hierzu organisiert und veranstaltet der Verein:

- *Vorträge und Vortragsreihen.* Ein Diskussionsforum für aktuelle wirtschaftswissenschaftliche Fragestellungen, das ein- bis zweimal im Semester stattfindet.

- *die Freiburger Wirtschaftssymposien.* Sie finden in einem zweijährigen Turnus statt. Hier werden aktuelle Fragestellungen aus dem Spannungsfeld von Wirtschaft, Wissenschaft und Politik mit Experten, Absolventen und engagierten Studierenden erörtert.

- *Bücherspenden.* Bereits mehrfach hat der Verein die Bibliothek des Volkswirtschaftlichen Seminars bei der Anschaffung dringend benötigter Lehrbücher unterstützt.

Mitglied unserer Absolventenvereinigung kann jeder werden, der in Freiburg den akademischen Grad Diplomvolkswirt/in erlangt hat, dem der Titel Dr. rer. pol. verliehen wurde oder der sich den Ideen der Freiburger Wirtschaftswissenschaftler verbunden fühlt. Außerdem bietet der Verein Studierenden im Hauptstudium die kostenlose studentische Mitgliedschaft an. Aufgrund der Förderung wissenschaftlicher Zwecke ist der Verein gemäß § 5 Abs. 1 Nr. 9 KStG als gemeinnützig anerkannt.

Weitere Fragen? Kontaktmöglichkeiten:

Freiburger Wirtschaftswissenschaftler – Absolventenvereinigung e.V.

Albert-Ludwigs-Universität Freiburg        Telefon: 0761 203-2131
Dekanat Bereichs Wirtschaftswissenschaften        Telefax: 0761 203-2303
Platz der Alten Synagoge        E-Mail: info@fww-ev.de
79085 Freiburg im Breisgau        Homepage: www.fww-ev.de

# Weltgesellschaft

## Theoretische Zugänge und empirische Problemlagen

### Hrsg. v. Bettina Heintz, Richard Münch u. Hartmann Tyrell

2005. VI/514 S., 48,- € / sFr 82,50. ISBN 3-8282-0303-5

Dieser Sonderband der "Zeitschrift für Soziologie" ist der Thematik der "Weltgesellschaft" gewidmet, der Frage also nach den Grenzen und der Reichweite der Gesellschaft heute. Umfassend behandelt der Band die Theorie und Theoriegeschichte der Weltgesellschaft und setzt sich detailliert mit dem Problem von Differenzierung und Integration der Weltgesellschaft auseinander und ebenso mit empirischen Fragen wie Welthandel, Region, Nationalität, Lokalität, der Rolle Europas u.a.

# Reform und Innovation
## in einer unstabilen Gesellschaft

### Hrsg. v. Giancarlo Corsi und Elena Esposito

2005. 131 S., kt. 34,- € / 58,90 sFr. ISBN 3-8282-0302-7

Dieses Buch geht von einer Feststellung aus, die wenig umstritten zu sein scheint: Reformen sind ein Problem. Kein Konsens herrscht jedoch darüber, in welcher Hinsicht genau Reformen problematisch sind und wie man am besten damit umgeht. Zum einen sind Reformen ein weit verbreitetes und diskutiertes Thema. Reformen sind zum anderen problematisch, weil sie anscheinend strittig sind. Sie rufen Widerstände und Konflikte hervor. Man sucht dann nach Mitteln und Wegen, um sie in befriedigender Weise zu realisieren. Die in diesem Band versammelten Aufsätze sind als ein Beitrag zu dieser Problematik zu verstehen. Sie bieten einen Überblick über die Schlüsselbezüge, die Semantik von Reform und Innovation, das Problem von Planbarkeit von Reformen sowie den Bezug zum Objekt der Reformen: den Organisationen.

*Inhaltsübersicht*

**Kapitel I: theoretischer Hintergrund**

Nils Brunsson, "Reform als Routine"

Niklas Luhmann, "Entscheidungen in der Informationsgesellschaft"

**Kapitel II: die Semantik von Reform und Innovation**

Alberto Melloni, "Kontinuität contra Geschichte. Das Thema Reform und Aggiornamento im Römischen Katholizismus des 20. Jahrhunderts"

Elena Esposito, "Geplante Neuheit: die Normalität der Reform"

**Kapitel III: Reform und Organisationen**

Dirk Baecker, "Die Reform der Gesellschaft"

Giancarlo Corsi, "Reform zwischen Gesellschaft und Organisation"

**Kapitel IV: Die Reform des Verwaltungsrechts**

Martin Schulte, "Die Poesie der Reform des Verwaltungsrechts"

Stephan Kirste, "Innovatives Verwaltungsrecht und Verwaltungsrechtsreform"

  *Stuttgart*

# ORDO

Jahrbuch für die Ordnung von Wirtschaft und Gesellschaft

Begründet von WALTER EUCKEN und FRANZ BÖHM

Herausgegeben von

| Hans Otto Lenel | Martin Leschke | Alfred Schüller |
| Helmut Gröner | Ernst-Joachim Mestmäcker | Viktor Vanberg |
| Walter Hamm | Wernhard Möschel | Christian Watrin |
| Ernst Heuß | Josef Molsberger | Hans Willgerodt |
| Erich Hoppmann | Peter Oberender | |
| Wolfgang Kerber | Razeen Sally | |

Band 56: 2005. 425 S., geb. € 76,- / sFr 127,-. ISBN 3-8282-0327-2

Inhaltsübersicht Band 56:

*Christian Watrin,* Hayeks Theorie einer freiheitlichen politischen Ordnung

*Walter Hamm,* Entartung des politischen Wettbewerbs

*Paul Kirchhof,* Freiheitlicher Wettbewerb und staatliche Autonomie – Solidarität

*Viktor Vanberg,* Auch Staaten tut Wettbewerb gut: Eine Replik auf Paul Kirchhof

*Paul Kirchhof,* Der Staat tut dem Wettbewerb gut

*Alfred Schüller,* Soziale Marktwirtschaft als ordnungspolitische Baustelle – Die Synthese zwischen "Freiburger Imperativ" und "Keynesianische Botschaft" ein nationalökonomischer Irrweg

*Ulrich Fehl,* Warum Evolutorische Ökonomik?

*Carl Christian von Weizsäcker,* Hayek und Keynes: Eine Synthese

*Manfred E. Streit,* Die Soziale Marktwirtschaft – zur Erosion einer wirtschaftspolitischen Konzeption

*Drieu Godefridi,* The Anarcho-Libertarian Utopia – A Critique

*Wolf Schäfer,* Exit-Option, Staat und Steuern

*Katarina Röpke/Klaus Heine,* Die 26. Ordnung – Vertikaler Regulierungswettbewerb, supranationale Rechtsangebote und europäischer Binnenmarkt

*Roland Vaubel,* Das Papsttum und der politische Wettbewerb in Europa: Eine Übersicht

*Norbert Berthold/Sascha von Berchem,* Lokale Solidarität – die Zukunft der Sozialhilfe?

*Andreas Freytag/Simon Renaud,* Langfristorientierung in der Arbeitsmarktpolitik

*Dieter Schmidtchen/Roland Kirstein,* Mehr Markt im Hochschulbereich: Zur Effizienz und Gerechtigkeit von Studiengebühren

*Jürgen Zerth,* Ideal der flächendeckenden Versorgung im Gesundheitswesen: Idee oder Fiktion?

*Hartmut Berg/Stefan Schmitt,* Zur Bestreitbarkeit von Märkten: Low-Cost-Carrier als neue Anbieter auf dem EU-Luftverkehrsmarkt

  *Stuttgart*